"同一本书"共读

创意教案设计（二）

书香网 编

团结出版社　　海峡少儿出版创意基地

图书在版编目（ＣＩＰ）数据

"同一本书"共读创意教案设计．二／书香网编
．-- 北京：团结出版社，2016.10
ISBN 978-7-5126-4542-4

Ⅰ．①同… Ⅱ．①书… Ⅲ．①阅读课－教案（教育）－
教学设计－中小学 Ⅳ．① G633.332

中国版本图书馆 CIP 数据核字 (2016) 第 247564 号

"同一本书"共读创意教案设计（二）

TONGYIBENSHU GONGDU CHUANGYI JIAOAN SHEJI （ER）

编　　者：书香网
责任编辑：唐立馨
出　　版：团结出版社
　　　　　（北京市东城区东皇城根南街 84 号　　邮编：100006）
电　　话：（010）65228880　65244790
网　　址：http://www.tjpress.com
E-mail：65244790@163.com

印　　刷：福建省天一屏山印务有限公司
厂　　址：福州市鼓楼区铜盘路 278 号 8 号楼
开　　本：889mm×1194mm　　　1/16
印　　张：17　　　　　　　字　数：253 千字
版　　次：2016 年 10 月　第 1 版
印　　次：2016 年 10 月　第 1 次印刷

书　　号：978-7-5126-4542-4
定　　价：55.00 元

序

　　2011 年 8 月 8 日，"同一本书"共读项目启动。五年多来，为了更好地贯彻落实新课标对学生课外阅读量的有关要求，进一步优化阅读教学，培养学生广泛的阅读兴趣，扩大阅读面，做到"多读书、好读书、读好书"，"同一本书"共读团队成员（即书香网团队）坚持以青少年成长成才为目标，连续组织福建各地中小学开展课外阅读和创建"书香校园"活动。我们以"快乐、自主、启疑、创新"为理念，为孩子们打造书内书外、校内校外、线上线下一体化、全方位、综合型的互动阅读新模式，在这些年的实践活动中，形成丰富且具特色的系列活动，主要包括"书香少年评选""书香班级 PK 赛""书香老师评选""阅读指导公开课""名家进校园""读书经验交流会""书香网"互动阅读平台以及书香班级 PK 软件等。几年来，阅读指导团队走进福建省九地市及平潭综合实验区开展活动与研讨互动，足迹遍及三千多所中小学；还受邀到湖北武汉、四川彭州以及宝岛台湾开展交流互动。活动影响深远，带动一大批孩子通过参与阅读系列活动，从农村迈向城市甚至走向荧屏，成就自我！

2015 年出版第一本《"同一本书"共读创意教案设计》，深受师生喜爱。各位阅读种子老师经过反复实践、多次创作，得到良好的反响，带动一大批优秀老师积极响应。为了满足一线老师的参与需求，我们开通了书香网（www.shuxiangw.com）线上书香老师评选平台，现注册阅读种子老师两万多名，投稿量众多。书香网编审组在优秀的千份稿件中择优挑选精编成第二辑供大家借鉴参考，共同推进。

　　《"同一本书"共读创意教案设计（二）》根据中小学各年级课程需要，集结众多一线教育工作者多年执教的宝贵经验，让学生们产生兴趣进而学会思考；通过自主、多元、开放、有趣的内容，培养学生的阅读兴趣、思考能力、创作能力和口语表达能力，是在实践的基础上孕育而出的作品。让阅读内化成学生生活的一部分，实现"用书"的真正效用，这是对教育部关工委主任李卫红提出的"送书·读书·用书"当中的"用书"理念最有效的诠释。

　　这只是"创意教案设计"的第二辑，我们欢迎更多关注且热心推动阅读工作的老师们踊跃投稿，一同参与我们的创意教案设计，让您的智慧循环，让阅读丰富人生！

郑素金　2016 年 10 月 28 日

目录

『同一本书』共读创意教案设计（二）

七彩童话

奇趣科普

人物传记

温馨绘本

智慧寓言

国学精粹

GUO XUE JING CUI

国学经典高度浓缩了中华五千年文明的精华，包含了中华民族生存的大智慧。其中承载的传统美德，在快节奏的今天，显得尤为珍贵。

幼学琼林 · 卷一 · 天文

★设计者：罗金秀　福建省福州市钱塘小学

★适用年级：五～六年级

★教学时间：120 分钟（3 课时）

★教学准备：阅读《幼学琼林》全文

★学习领域：语文　人文　综合活动

　　　　　　科学与自然

★教学目标：

1. 了解天文学文化常识。

2. 了解关于天文的神话故事、民间传说。

3. 积累与天文有关的成语、典故。

4. 品析言简意赅、对仗工整、对偶成句的语言特色。

5. 吟诵、歌咏朗朗上口的文句。

6. 发挥想象，创编、表演。

★内容简介：

　　《幼学琼林》原名《幼学须知》，是一部中国文化常识的小百科，其内容涉及天文、地舆、岁时、朝廷、文臣、武职、婚姻、人事等 32 个类目，《卷一·天文》这节选文，写的是有关自然方面的常识。开首的两句是有关宇宙形成的解释；接着是自然现象的一系列名称，在古代的文章中，是最为常见的词语。书中有不少神话传说，虽然说得不详尽，内涵却十分丰富。

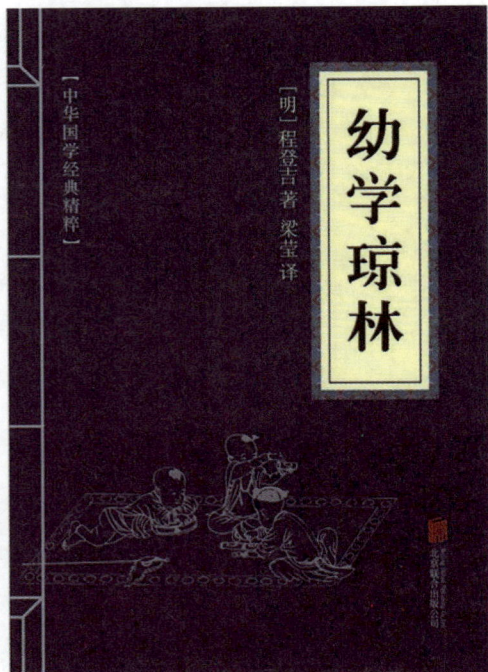

教学内容

一、火眼金睛：天文常识大搜捕

1. 慧眼发现：你有一双慧眼吗？在《幼学琼林·天文》里遨游，你将发现不少天文知识呢！

_____

_____

2. 妙笔能画：插上想象的翅膀，在宇宙中遨游，请用你的妙笔，为绚丽多姿的自然现象涂上缤纷的色彩吧。

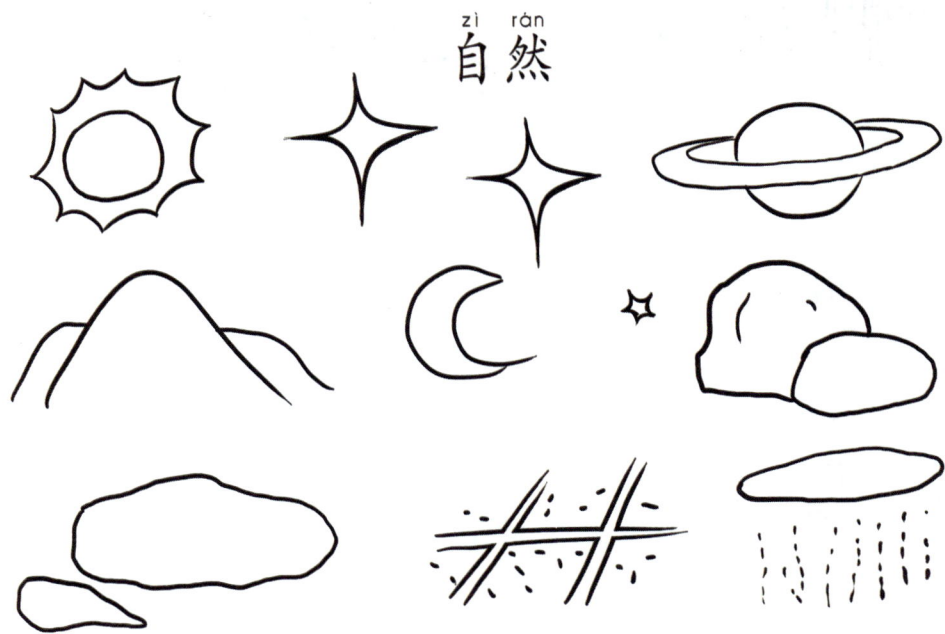

zì rán
自然

3. 智慧查找：通过查找资料，探究古人为什么用神话传说的方式，解释这些自然现象。

_____

_____

_____

二、神话传说巧回放

　　1. 智搭神话桥：我会为神话故事中的神仙牵线搭桥。

盘谷	掌管打雷
律令	推雷车
阿香	开天辟地
后羿	奔月
嫦娥	射日
焱火、谢仙	风神
飞廉、箕伯	掌管雷火
列缺	为月亮驾马车
望舒	主管闪电
青女	月亮里的仙女
素娥	掌管霜雪

　　2. 经典故事我能讲：根据以下插图，展开丰富的想象，讲一讲故事。

东海孝妇

阿香推车

3. 展开丰富的想象，巧手画出下面神话传说中的动物。它与哪种自然现象有关？请填一填。

想象传说中 动物的样子	传说中的动物	对应的 自然现象	自然现象图标
	螮蛛	彩虹	
	蟾蜍		
	石燕		
	商羊		

三、小小天文观测站

1. 天文知识营养补给站。

云的形成： 水汽化（蒸发），然后在高空气温较低时液化。

雨的形成： 高空中液化的小水滴融合为较大的液滴，当重力足够大的时候，便降落形成雨。

露的形成： 清晨气温较低，水蒸气液化。

雾的形成： 水蒸气借助固体尘埃颗粒液化形成。

霜的形成： 低空凝华。

雪的形成： 高空中的水蒸气直接凝华，雪花形状与结晶过程有关。

雪花的形状，涉及水在大气中的结晶过程。大气中的水分子在冷却到冰点以下时，就开始凝华形成冰晶。冰晶具有自己规则的几何外形。冰晶属六方晶系，六方晶系最典型的形状是六棱柱体。但是，当结晶过程中主轴方向晶体发育很慢，而辅轴方向发育较快时，晶体就呈现出六边形片状。

2. 国家天文台知多少：你了解哪些天文台？点击链接你感兴趣的天文台，上网查看详细介绍。

3. 天文仪器知多少

◀ 日晷又称"日规"，是我国古代利用日影测得时刻的一种计时仪器。

▲ 现代天文望远镜

▲ 射电望远镜

4. 时空隧道通古今

角色扮演访谈：小小天文观测员把神话传说故事中的人物请到天文台来做客，与他们访谈交流。

盘古　律令　嫦娥　阿香　后羿　青女　素娥

焱火　谢仙　列缺　飞廉　箕伯　望舒

四、典故、成语大展播

1. 阅读《幼学琼林·卷一·天文》，细读文中的典故、成语。

瑞雪兆丰年	日上巳三竿	蜀犬吠日	吴牛喘月
云霓之望	雨露之恩	参商二星	牛女两宿
嫦娥奔月	后羿射日	披星戴月	沐雨栉风
事非有意	云出无心	恩可遍施	阳春有脚
献曝之忱	回天之力	救死之恩	再生之德
势若冰山	事如天壤	出行寥落	言语雷同
杞人忧天	夸父逐日	齐妇含冤	邹衍下狱
不共戴天	须当爱日	盛世黎明	光天化日
雨旸时若	天地交泰		

2. 找出上述典故、成语中，与"为人处世"有关的成语。

3. 找出上述典故、成语中，与"传统礼仪"相关的成语。

4. 找出上述典故、成语中，与"历史文化"相关的成语。

五、游戏心　国学情

1. 品语言之精华，对天文之对子。

（1）诵读《幼学琼林·卷一·天文》，师生对对子。

如：混沌——（　　）　初开——（　　）

　　轻——（　　）　清——（　　）

　　上浮——（　　）　天——（　　）

　　日月——（　　）

（2）诵读《幼学琼林·卷一·天文》，学生之间对对子。

（3）玩拍掌对对子游戏。

2. 对偶成句，且读且歌。

吟朗朗上口之词，溯源经典堂：用乡音有感情地诵读。

温馨提示：站姿正确，仪表大方，声音洪亮，吐字清晰。采诗词之风，撷声韵悠扬。

吟诵小提示：

（1）一二声平三四仄，入声归仄很奇特，平声吟长仄声短，韵字平仄皆回缓。

（2）本音决定基础调，以字行腔很重要，节奏点上停一停，平仄相对显奇妙。

（3）一三五不论，二四六分明，单字放得宽，偶字管得严。

3. 朗朗上口诵经典。

效诗词之风，仿韵律之腔：师生共吟诵

4. 创编话剧我能行。

分组编导，创编"天文"小话剧。

道具：　　　　　　　　　　　　场景：

角色：　　　　　　　　　　　　场次：

情节：

弟子规

★**设计者**：余慧珑　福建省福州市亚峰中心小学

★**适用年级**：一～四年级
★**教学时间**：120分钟（3课时）
★**教学准备**：阅读《弟子规》
★**学习领域**：道德　诵读

★**教学目标**：

1. 结合生活实际，体会《弟子规》中"孝"的含义，能结合自身的情况加以体会，并对自己今后的生活形成指导。

2. 通过朗读国学经典《弟子规》，感悟从古至今的真理，体会做人的道理。

3. 通过情感教育，让学生知道尊重自己的父母，热爱人生，懂得为人子女的本分。

4. 在国学经典的诵读中，培养学生悠长气息呼吸法，使学生心灵平和，在音乐中净化心灵，感受中国国学经典作品的美感。

★**内容简介**：

　　《弟子规》原名《训蒙文》，为清朝康熙年间秀才李毓秀所作，列述弟子在家、出外、待人、接物与学习上应该恪守的守则规范。全篇先为"总叙"，然后分为"入则孝、出则悌、谨、信、泛爱众、亲仁、余力学文"七个部分。《弟子规》根据《论语》等经典编写而成，集孔孟等圣贤的道德教育之大成，提传统道德教育著作之纲领，是接受伦理道德教育、培养有德有才之人的最佳读物。

教学活动

一、我是孝顺友爱的好孩子

1. 情景设置，模拟对话。请回忆你每天上学、放学到家，和家人说的话，写在泡泡里。

《弟子规》告诉我们"出必告，反必面"，做个有礼貌的孩子。

2. 故事会：请将图中故事的名字写在括号里，并在横线上写出你知道的故事。

父母呼　应勿缓　父母命　行勿懒

父母教　须敬听　父母责　须顺承

我听过许多孝顺父母的故事：

（　　　　　）　　　　　　（　　　　　）

_____

_____

3. 手足之爱。

兄道友　弟道恭　兄弟睦　孝在中

李明的爸爸妈妈准备再生一个孩子，这让李明非常生气，他觉得爸爸妈妈一定是不爱他了，如果生了弟弟妹妹，他就不再是爸妈的宝贝，而且弟弟妹妹还会抢自己的玩具。

王红的妈妈给她生了个弟弟，她却非常开心，每天放学回家就去看弟弟。她觉得有了亲弟弟，就有人陪她玩，不会孤单。她还要当爸爸妈妈的好帮手呢！

☆ 小朋友，你支持李明还是王红？说说你的理由。

二、我有好习惯

1. 我的一天

朝起早　夜眠迟　老易至　惜此时

晨必盥　兼漱口　便溺回　辄净手

请根据自己的情况，在表格里填入时间。

起床	吃饭	上学	做作业	睡觉

☆ 你每天是不是都睡得很迟呢？赶快给自己制订一个作息表吧！

☆ 如果你每天落后别人半步，那一年就是183步，10年后就是十万八千里。

2. 我的美食

对饮食　勿拣择　食适可　勿过则

☆ 小吃货们，在下面画出你们最爱吃的食物吧！

三、我的形象价值百万

☆ 服装的作用是什么？
① 遮羞
② 保暖
③ 循分
④ 称家

　　衣服贵在整洁，不在华丽，见尊长时穿的衣服要符合自己的身份，平时在家穿的衣服要符合自己的家境状况。

　　所以衣着给人的感觉也是非常重要的，得体与否，不可忽视。我们在出门之前也一定要看看，我们这样的穿着打扮是不是得宜。古人很重视衣着，所以才讲到"上循分，下称家"。这个上，还有下，有两个意思：如果你是长辈，你应该怎么穿？"循分"，指应该按照你的年龄、地位来穿着，不可以穿得不得体。"称家"，指穿着要符合家庭的经济状况。年纪小的，不能穿得太过老成；年纪大的，不可过分浮夸。父母在家里的穿着，对子女也有一种教育作用。父母穿得不得体，儿女会觉得父母不够威严。

衣贵洁　不贵华　上循分　下称家

◀过分炫耀给人印象不好

扮酷也要符合自己的身份▶

爱美之心人皆有之，着装是指一个人基于自身的阅历修养、审美情趣和身材特点，根据不同的时间、场合、目的，力所能及地对所穿的服装进行精心的选择、搭配和组合。

☆小朋友，请你给自己画一幅自画像吧！

三千孝弟学庸

★设计者： 王爱琴　福建省泉州市丰泽区第五中心小学

★适用年级： 四年级

★教学时间： 160分钟（4课时）

★教学准备： 阅读《三千孝弟学庸》　互联网查阅资料

★学习领域： 语文　人文　综合活动　思想品德

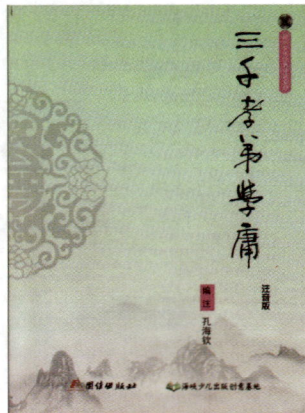

★教学目标：

1. 探讨古代中国礼仪文明的魅力，知晓一些历史文化知识，开拓学生们的视野。

2. 让学生受到传统道德教育，懂得孝敬父母，尊敬长辈，关心他人，提高礼仪素养。

★能力目标：

1. 关注学生内部动力的生成，形成课外阅读氛围。同时，以学生为主体，根据学生不同年龄段的身心特点，让孩子养成良好的课外阅读习惯，促进孩子阅读素养的提高。

2. 引导学生用正确的人生观对待中国古典文化，初步培养学生的辩证意识。

★情感目标：

1. 激发学生的阅读乐趣，使学生养成喜欢阅读的好习惯。

2. 通过全班学生共读一本书活动，让学生在活动中感受合作和交流的乐趣。

★内容简介：

　　《三千孝弟学庸》共收集六种古籍，其内容包括教人识字、传授知识、讲述做人处世的道理、告诫为学向善门径等方面。书中记载的多是我们必须了解的基础知识和行为规范，堪称儒学经典。

学习活动一：探寻中国古代仁义礼孝

☆ **活动目标：**

1. 通过互联网查阅资料，了解中国古代仁义礼孝，并从中受到熏陶。

2. 探寻中国古代仁义礼孝之魅力，开拓学生们的视野。

☆ **活动时间：** 40分钟（1课时）

☆ **活动准备：** 查阅互联网，了解儒家思想

☆ **学习领域：** 道德　历史

☆ **活动过程：**

一、创设情境，导入

1. 同学们，你们看，这是什么？

2. 情景模拟：时空机起飞，穿越到古代，去探寻古代之仁义礼孝。出发啰！

二、探寻之旅一：孔子故乡

1. PPT 图片把大家带到孔子故乡——山东曲阜。

2. 教师简介曲阜：曲阜是春秋时期鲁国的都城，这里有着丰富的文化遗产，其中最著名的是曲阜三孔——孔庙、孔府、孔林。此外还有鲁国故城遗迹、周公庙、颜庙、孟庙、少昊陵等。

3. 这么美丽的地方，第一小组通过探寻，一定收获不少。

4. 同学们想知道什么？大胆提问，第一小组同学会为你一一解答。

相关介绍：孔庙、孔府、孔林

重点介绍孔子的思想：以礼治国，以德服人，特别是孔子眼中的仁义礼孝。

国学精粹——三千孝弟学庸

21

三、探寻之旅二：孟子思想

1. PPT 图片把大家带到孟子故乡——山东济宁邹城。

2. 第二小组汇报自己的探寻所得。

重点介绍孟子的思想：主张仁治国家。

四、学生互动交流讨论

1. 谈谈自己对仁义礼孝的认识。

2. 完成阅读学习单一，填写表格。

道德准则	含 义
忠	
孝	
仁	
义	
礼	
智	
信	

3. 表格展示，点评。

五、教师总结提升

一趟美妙的穿越探寻之旅就要结束了。古人给我们留下了许多宝贵的精神财富，希望大家铭记于心，在日常生活中，做好仁义礼孝文明礼仪的宣传使者。

学习活动二：礼孝国学经典大品味

☆ **活动目标：**

1. 品味国学经典，了解古代的灿烂文化，提高学生的道德修养，增强文明意识。

2. 懂得用发展的眼光看问题，正确对待古代文明礼仪。

☆ **活动时间：** 40分钟（1课时）

☆ **活动准备：** 阅读《三千孝弟学庸》

☆ **学习领域：** 语文　人文　道德

☆ **活动过程：**

一、谈话导入，揭题

1. 同学们，你们喜欢听歌吗？老师给大家带来了一首歌。（视频播放《跪羊图》，学生欣赏）

2. 同学们，听了这首歌，你想说什么？心里有什么样的感受？（学生自由发言，教师引导）

预设1：母爱真是太伟大了。

预设2：要孝敬父母。

师：是的，孝是我们中华民族的传统美德。孝敬父母，理所应当。这是中国在五千年的历史长河中，形成的高尚的道德准则。今天我们要一起来品读《三千孝弟学庸》，相信大家一定能从中学到些什么。

二、初识《三千孝弟学庸》

1. PPT展示《三千孝弟学庸》封面。

提问：看到这个题目，你能猜一猜，书中会讲些什么内容吗？

（学生畅所欲言）

23

2. 教师简单介绍《三千孝弟学庸》内容。

《三千孝弟学庸》共收集六种古籍，其内容包括教人识字、传授知识、讲述做人处世的道理、告诫为学向善门径等方面。书中记载的多是我们必须了解的基础知识和行为规范，堪称儒学经典。

过渡：那什么是儒学经典呢？

3. 简介孔子的儒家思想。

儒学经典反映的是我们第一课时所探寻的孔子的儒家思想，其内涵丰富复杂，具体包括上节课所学之忠、孝、仁、义、礼、智、信等，是中国影响最大的流派，也是中国古代的主流意识。

三、品味经典言论，把握读书方法

1. 谁会背诵《三字经》？请给大家展示一下。

2. 你们对《三字经》有哪些了解？请同学们自由发言。

3. PPT 展示《三字经》节选："昔孟母，择邻处；子不学，断机杼。"

①学生试着读读这句话，注意读出节奏和韵律。

②集体交流，理解这句话的意思。

③教师指导学生，用自己的话来讲这个故事。

孟子的母亲为了孟子有良好的学习环境，曾经几次搬家，选择好的邻居居住、安家。有一次，孟子不好好学习，逃学回家，孟母十分生气地折断了织布机上的梭子，以此来教育孟子。

④说说你从这个故事中懂得了什么。

⑤总结。

4.PPT展示《弟子规》选句："父母命，行勿懒；父母教，须敬听；父母责，须顺承。"

①请同学们自读这句话，并试着理解这句话的意思。

②学生答，教师补充。

这句话是说：父母叫你做的事情，应该执行而不该懒惰对待；父母的教诲，需严谨听从，恭敬地倾听；父母责备自己，不能顶嘴，应该顺从他们，承受他们的责备，努力改过自新。

③同学们读完这句话，有什么想要说的吗？

预设1：是不是说，父母叫你做的事情，不管对与错，都得做？

预设2：父母的批评，有时也不一定是对的，难道连分辩都不行吗？

④这正如《中庸》篇中对我们提出的五点要求：博学之，审问之，慎思之，明辨之，笃行之。

5.说说你还知道哪些经典语句，把它写下来，并谈谈你对它的理解。（完成阅读学习单二）

四、课堂总结

同学们，一堂课马上就要结束了，通过今天的学习，你们有什么收获或者疑问呢？都可以提出来。

五、课外延伸

1.课后认真阅读《三千孝弟学庸》，感受祖国文化的博大精深。我相信，只要我们永不停止学习的脚步，就会让古老的经典散发出现代的气息。

2.推荐阅读《论语》《三千孝弟学庸》等。

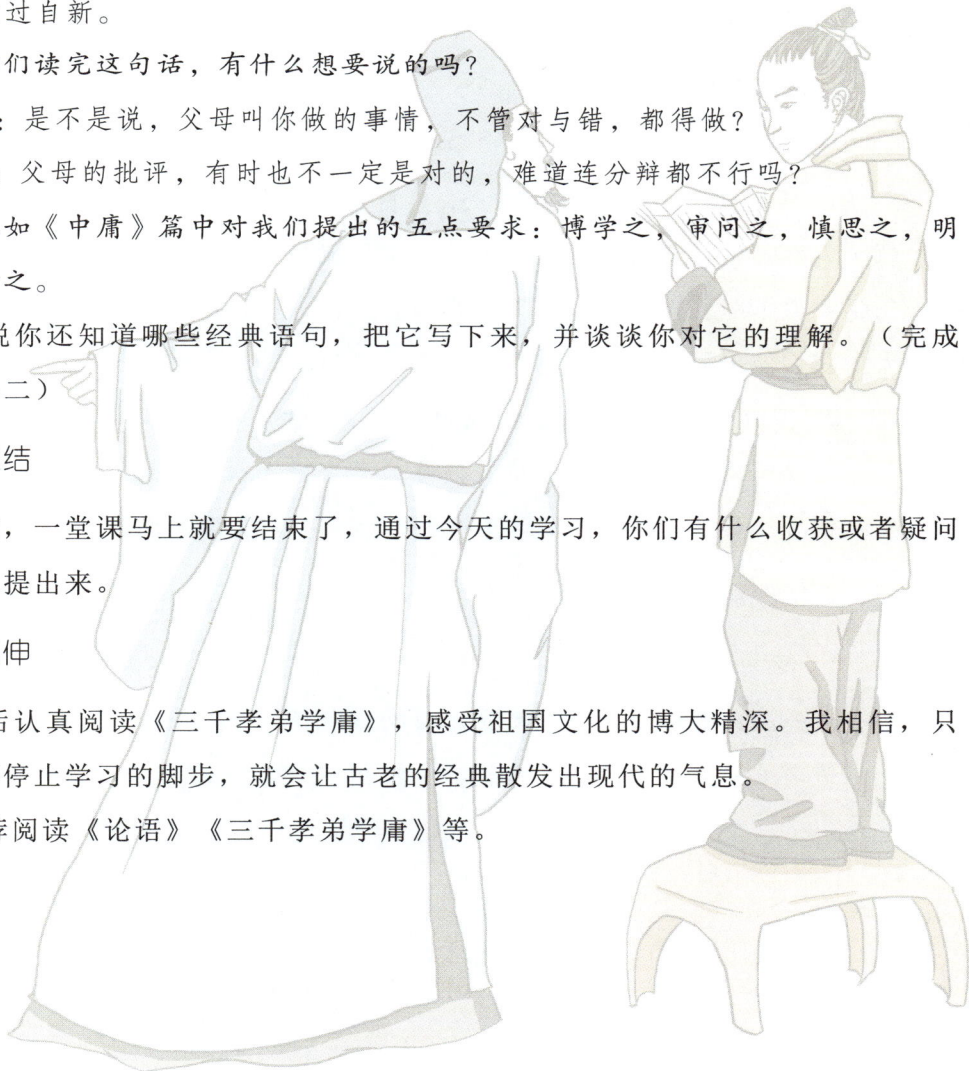

25

学习活动三：孝感天下故事大比拼

☆ **活动目标：**

1. 自主选择一个感人的故事，在课堂上完整生动地讲述，锻炼学生的语言表达能力。

2. 通过讲故事，使学生受到传统道德教育，懂得孝敬父母，尊敬长辈，关心他人。

☆ **活动时间：** 40分钟（1课时）

☆ **活动准备：** 搜集有关"孝感天下"的故事

☆ **学习领域：** 语文　道德　历史

☆ **活动过程：**

一、播放视频，导入活动

1. 各位同学大家好，古语有云："百善孝为先。"孝是中华传统文化提倡的行为，每个人都是父母生命的延续，不善待父母就是不善待生命。《跪羊图》中有这样一句话："羊跪乳，鸦反哺。"动物尚且如此，更何况是我们人呢？在这方面，很多人为我们做出了榜样，如古代二十四孝等等。

2. 播放"孝感天下故事"视频——张苍代人行孝。

通过阅读《三千孝弟学庸》，再加上查找互联网，现在大家的记忆仓库中，一定也储存了许多孝感天下的故事吧？那么同学们，敢不敢接受老师的挑战？

二、汇报成果

1. 闯关游戏

第一关：看图猜故事，简要介绍故事内容。

第二关：听故事猜主人公。

2．小小擂台赛

（1）学生四人一小组，先在小组里做做热身运动——轮流讲自己搜集到的孝感天下的故事。

（2）组内推选出一位讲得好的同学，代表本组参加班级"故事大比拼"活动。

三、班级孝感天下故事大比拼

1．提出比赛要求：

①选手抽签决定讲故事的顺序；

②选手讲故事时要大声，故事要讲得清晰完整；

③听故事的同学要认真，保持安静；

④每组派一个代表组成评委团，参与评分。

2．选手逐个上台讲故事。（评委团及老师根据选手的表现打分）

3．统计选手最后得分，评选"讲故事之星"三名。

四、教师点评总结

1．学生谈谈自己的学习收获。

2．结语

五、课堂延伸

把孝感天下之故事讲给家人或朋友听，让他们也能感受到孝感天下之伟大；同时付诸实践，孝敬长辈。

六、完成阅读学习单三

学习活动四：民族魂　民族情

☆ **活动目标：**

1. 通过本节课的学习，让学生牢记中华民族的优良传统，懂得待人接物、明辨是非，培养讲文明、懂礼貌的好习惯。

2. 引导学生严格要求自己，从现在做起，从自我做起，用实际行动弘扬和发展中华民族优良传统，努力提高自己的道德修养，做一个讲文明、懂礼貌的好学生。

☆ **活动时间：** 40分钟（1课时）

☆ **活动准备：** 搜集道德方面的正面和反面的故事　采访　调查　排练小品

☆ **学习领域：** 社会　道德　行为

☆ **活动过程：**

一、谈话导入

二、说说我眼中的传统美德

1. 你知道我们中华民族的传统美德除了《三千孝弟学庸》中所提到的，还包括哪些内容吗？当今社会在践行传统美德与道德方面的好人好事，你知道多少？

2. 学生自由发言。

3. 教师归纳总结。

三、互相查一查（学生汇报交流）

1. 自己身上有哪些不良行为？

2. 班级、学校、家庭、社会中有哪些不道德的现象？

3. 说一说这些不良的行为会有哪些危害，应当如何改善。

四、课堂检测，明辨是非

1. 辩论题：一家人去商场购物，孩子看见喜欢的玩具要求家长买。

☆ 改革开放了，大家生活比较富裕，孩子应当见着自己喜欢的东西就买吗？家长应不应该给孩子买？

（让学生通过辩论，懂得一个人如果养成挥霍浪费的坏毛病，对自身成长不利。）

2. 看小品《做作业》，抒己见。（学生讨论，教师点拨）

甲、乙、丙、丁正在做作业。他们对待做作业的态度各不相同。甲聪明，对作业马虎应付，因为喜欢踢足球而常忘了完成作业；乙基础差，能虚心向学；丙乐于帮助基础差的乙，看不惯甲的做法，批评甲的时候语气太刻薄；丁学习认真，乐于帮助别人，敢于指出同学的缺点。

☆ 问：你认为他们四个人的言行怎样？谁表现得最好？其他三位同学哪些地方好？哪些做得不够好？为什么？

3. 夸一夸班上做得好的人和事，给同学树立榜样。

五、活动的巩固与延伸（完成阅读学习单四）

1. 编写弘扬美德的标语或倡议书。

2. 读标语或倡议书。

3. 欣赏快板《美德在我心中》。

六、总结提升

七、布置作业

写一篇学习《三千孝弟学庸》的心得体会。

国学精粹——三千孝弟学庸

阅读学习单一：想一想 写一写

同学们，请谈谈自己对仁义礼孝的认识，并填写下面的表格。

含义

同学们看了你填写的表格后有什么样的建议：

阅读学习单二：查一查　说一说

说说你还知道哪些经典语句，把它写下来，并谈谈你对它的理解。

你是怎么理解这句话的？

阅读学习单三：猜一猜　讲一讲

闯关游戏，看图猜故事，简要介绍故事内容。

这个故事是：

你来编故事：

阅读学习单四：编一编　传一传

人人动手，编写弘扬美德的标语或倡议书，并做好宣传活动。

标　语

倡议书

33

JING DIAN XIAO SHUO

经典小说

集古今中外优秀小说，
把生活的种种可能记录在文字中，
呈现在读者面前。
小说的世界是多棱镜，
每个作者将自己的思想和情感投射进去，
再利用情节和手法折射出来，
你便看到了无数个不同版本的人生。

格列佛游记

★ 设计者：欧阳樱　福建省福州市亚峰中心小学

★ 适用年级：四～五年级

★ 教学时间：200 分钟（5 课时）

★ 教学准备：请学生利用课余时间充分阅读《格列佛游记》，并与同学进行阅读体会的分享、讨论。

★ 学习领域：语文（拓展阅读　概括理解　口语交际　合作探究　综合实践）　创新能力　手工

★ 教学目标：

1. 学生充分自主阅读小说，拓展阅读。

2. 通过小组讨论、比赛竞争的方式，培养学生的探究合作精神。

3. 通过综合实践活动，培养学生的创新能力。

★ 内容简介：

外科医生里梅尔·格列佛随"羚羊号"出航南太平洋，不幸中途遇险。格列佛死里逃生，漂流到了小人国——利立浦特岛上。后来，他又起航，但却在巨人岛——布罗布丁鲁那克岛搁浅了。他第三次航行来到了飞岛，那是个与世隔绝的世界。格列佛最后航行所到的是一个叫慧骃国的地方，那里的主人是马。在那个世界里，没有贪婪、欺骗、战争、陷害，如同幻境。然而这里的马十分排斥人类，不久，格列佛就被首领放逐了。在海上漂泊之时，格列佛被一商人救起，终于回到了英国。但因已经习惯了慧骃族良好的品质，他便买了两匹马，天天与它们谈心，安度晚年。

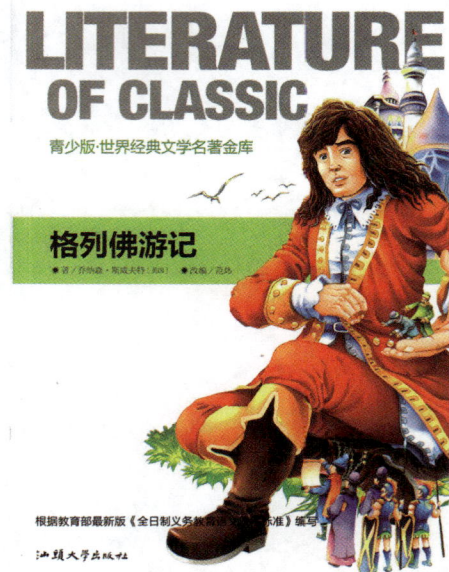

学习活动一：我是小小演说家

☆ **活动目标：**

1. 能够理清小说脉络，有条理、完整地概括故事情节，培养学生的理解及概括能力。

2. 能够运用生动的语言，将故事用口头语言流利地表达出来，培养学生的口语交际能力。

☆ **活动时间：** 40分钟（1课时）

☆ **活动准备：** 阅读《格列佛游记》

☆ **学习领域：** 语文（概括理解　口语交际）

☆ **活动过程：**

一、请任选一个国家，讲一个你印象最深刻的故事。

　　要求：语言流畅，情节完整，细节生动。

二、小组活动，交流精彩故事，推举讲故事代表。

三、小组代表比赛，学生评价，选出"最佳故事大王"。

学习活动二：我是小小军事家

☆ **活动目标：**

1. 培养学生的合作探究精神。

2. 结合活动，了解我国古代军事佳作《孙子兵法》。

☆ **活动时间：** 40分钟（1课时）

☆ **活动准备：** 阅读《孙子兵法》

☆ **学习领域：** 语文（阅读拓展　合作探究）

☆ **活动过程：**

　　内务大臣告诉格列佛，国家受到来自不来失斯古的入侵，在过去的 36 个月里两国一直血战着。敌方正准备用一支庞大的舰队向小人国发起进攻。格列佛向皇帝贡献了如何夺取敌人整个舰队的方案。经过侦察，格列佛请求赶制大量最结实的缆绳和铁棍，他把 3 根缆绳拧成一股，把 3 根铁棍扭到一起，两头弯成钩形。格列佛将敌方最大的 50 艘战舰轻而易举地拖走。不来失斯古受到重创。格列佛带着战利品安全返回利立浦特皇家港口，皇帝当场封他"那达克"的最高荣誉称号。

☆　想不想成为像格列佛一样的战斗英雄？快来排兵布阵吧！

如果你是利立浦特的军事大臣，面对不来失斯古的入侵，如何制定完美的军事战略反败为胜呢？

1. 以讨论小组为单位形成谋略组，并给自己的组别取一个名字。

2. 提示：知己知彼，百战不殆。分析彼此优劣，制定针对性战略。

3. 参考《孙子兵法》。（《孙子兵法》又称《孙武兵法》《吴孙子兵法》《孙子兵书》《孙武兵书》等，是中国现存最早的兵书，也是世界上最早的军事著作，被誉为"兵学圣典"。）

4. 小组展示，评选"小小军事家"。

学习活动三：我是小小表演家

☆ **活动目标：**

1. 了解我国的民俗风情。

2. 培养运用现代信息技术手段收集信息的能力。

☆ **活动时间：** 40分钟（1课时）

☆ **活动准备：** 电脑　互联网

☆ **学习领域：** 语文（阅读拓展）

☆ **活动过程：**

趁赶集的日子，格列佛被带到邻近的镇上展览。格列佛成了怪兽，在旅馆的桌子上表演，为主人赚大钱。主人让他在沿途的市镇上进行表演，直到首都。后来主人带他进宫给皇后和贵妇们表演取乐。皇后用1000金币把他买下，让他住在宫里。皇帝陛下对他产生了兴趣，给他设计了一只用作卧室的箱子。皇后吩咐手下找出最薄的丝绸给他做衣服。

☆ 格列佛在小人国见识了许多有意思的民俗表演，在大人国被当成了怪兽在各地表演。这些民俗表演代表了英国传统的民族风情。我国也有许多有趣的民俗风情，快快行动，利用电脑查查相关资料吧，并将信息和你的小伙伴们分享。

学习活动四：我是小小科学家

☆ **活动目标：**

1. 培养学生的合作探究精神。

2. 结合活动，了解我国古代军事佳作《孙子兵法》。

☆ **活动时间：** 40分钟（1课时）

☆ **活动准备：** 阅读《孙子兵法》

☆ **学习领域：** 语文（阅读拓展　合作探究）

☆ **活动过程：**

告别飞岛国，格列佛到达巴尔尼巴比首都拉格多。大贵人孟诺迪给格列佛讲了他们古怪的想法：所有重要的城市都建立了设计家科学院。他们发明了黄瓜提取阳光，粪便还原成食物，建筑房屋，用触觉和嗅觉辨别颜色，猪耕地，蜘蛛网纺丝，风向适应能力，马蹄硬化……

☆　小小发明造福我们的生活，绿色环保的发明更为我们的世界增添光彩，请动动脑筋，利用以下物品，让我们也来变废为宝。

材料：纸杯、吸管、光盘、硬纸板、空饮料瓶、短铅笔。

41

学习活动五：我是小小设计师

☆ **活动目标**：培养学生创新能力

☆ **活动时间**：40分钟（1课时）

☆ **活动准备**：阅读《桃花源记》

☆ **学习领域**：语文（阅读拓展）　创新能力

☆ **活动过程**：

　　慧骃国是作者塑造的一个人兽颠倒的国度。在人类看来比自己低一等的马，却有了善良、真诚、友爱、理性等高尚的品格，而形似人类的"耶胡"却卑鄙、邪恶、残忍、肮脏。然而，这是一个理想的国度，以至于格列佛离开之后，仍旧对这里念念不忘。

　　☆　我们古代的大作家陶渊明先生笔下也有一个理想国度，请同学们阅读《桃花源记》，领略其中的奥妙，发挥想象力，设计一个你心目中的理想国，并用文字表达出来。

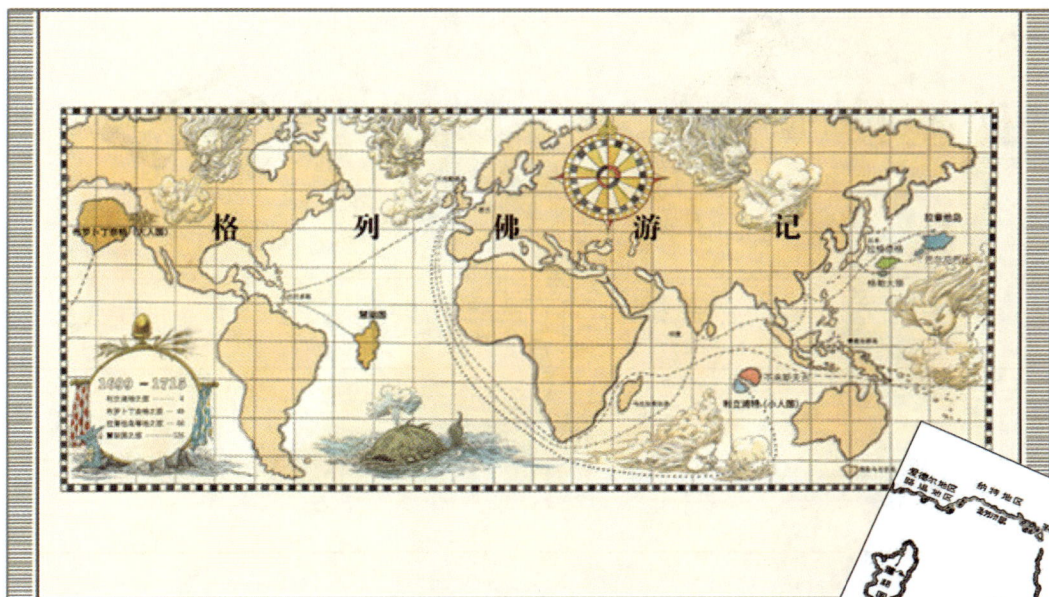

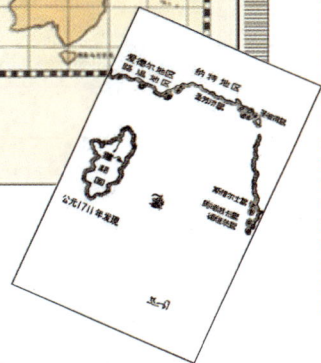

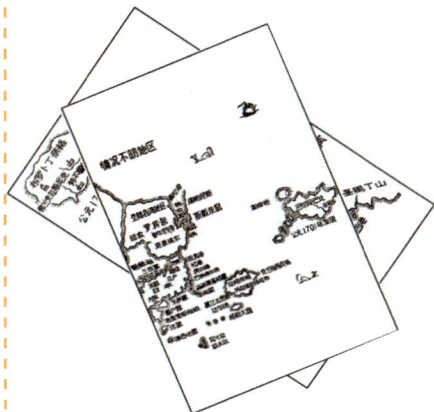

☆ 画一画：请用彩笔绘制格列佛的航海路线，发挥你的想象，让这幅地图更加精美吧！

43

☆　和格列佛的奇妙之旅中，一定有令你难忘的经历，把它写在你的日记中吧。

做摘抄　　　　　　　　　　写心得

_____　　_____

_____　　_____

_____　　_____

_____　　_____

_____　　_____

_____　　_____

_____　　_____

_____　　_____

_____　　_____

阅读学习单三：历历在目的旅行

观赏影片《格列佛游记》。

☆ 比一比：
小说和影片给你带来怎样的不同感受？

同学们，假期就要来了，为你和你的小伙伴们计划一次难忘的旅行吧！和你的驴友们商量一下，旅行当中需要计划和注意的细节，设计一份假期旅行小攻略。

旅行攻略

时　　间：＿＿＿＿＿＿＿＿＿＿＿＿＿＿

参与人员：＿＿＿＿＿＿＿＿＿＿＿＿＿＿

地点路线：＿＿＿＿＿＿＿＿＿＿＿＿＿＿

交通工具：＿＿＿＿＿＿＿＿＿＿＿＿＿＿

人员分工：＿＿＿＿＿＿＿＿＿＿＿＿＿＿

安全备注：＿＿＿＿＿＿＿＿＿＿＿＿＿＿

费用支出：＿＿＿＿＿＿＿＿＿＿＿＿＿＿

经典小说——格列佛游记

《镜花缘》是清代李汝珍所作的长篇小说，描写了唐敖、多九公等人乘船在海外游历的故事，包括他们在女儿国、君子国、无肠国等国的经历。又写了武则天科举选才女，由百花仙子托生的唐小山及其他各花仙子托生的一百位才女考中，并在朝中有所作为的故事。

☆ 同学们，利用课余时间和你的小伙伴们一起读读这本书，分享读书心得，写写读后感。

狼王梦

★设计者：陈卿　福建省福州市晋安区新店中心小学

★适用年级：六年级
★教学时间：120分钟（3课时）
★教学准备：阅读《狼王梦》
★学习领域：语文　人文　综合实践

★教学目标：

1. 交流自己阅读《狼王梦》时，所用的有效的读书方法。

2. 了解主人公紫岚为实现丈夫的遗愿——"狼王梦"的奋斗历程，学习它不屈不挠，为实现梦想执着奋斗的精神。

3. 尝试品析小说中的角色，欣赏小说的语言，学习一些刻画角色的方法，积累优美的语汇。

4. 开展读书辩论会，加深对《狼王梦》的理解。

★内容简介：

　　母狼紫岚和黑桑生了一窝狼崽，有四只存活了下来，三只公狼，一只母狼：黑仔、蓝魂儿、双毛、媚媚。为了完成黑桑争夺狼位的遗愿，它耗费了许多的心血哺育黑仔，把母爱全都灌注在黑仔的身上，结果并不如愿，黑仔死在了金雕的爪下。它依然坚持培养剩下的两个儿子，可是，这两个狼崽也相继死去，它只剩下唯一的女儿媚媚。它还是不放弃，寄望它的狼孙们能当上狼王。它为了保护媚媚和它的狼孙们，也为了给儿子黑仔报仇，最后，与金雕同归于尽。

学习活动一：用自己喜爱的读书方法阅读

☆ **活动目标：**

　　1. 交流自己阅读《狼王梦》时所用的有效的读书方法。

　　2. 认识作者，复述《狼王梦》的主要内容。

☆ **活动时间：** 40分钟（1课时）

☆ **活动准备：** 阅读《狼王梦》

☆ **学习领域：** 语文　人文

☆ **活动过程：**

一、我会读

　　1. 我所了解的作者——沈石溪。

　　2. 我还读过沈石溪的其他动物小说。

二、我会说

　　《狼王梦》讲述了一个怎样的动人故事呢？

49

三、师生交流有效的阅读方法

1. 有人说，《狼王梦》是沈石溪写的最有代表性的一部动物小说，是动物文学的迷人之作。谁能说说拿到这样一本好书，你是怎样了解它的大致内容的？

2. 了解书本大致内容可以从书的封面、作者简介、目录，有的书还有前言、序言、题记、导读、后序等处入手。怎样才能细致阅读一本书呢？分享一下成功的读书经验吧！

我读书时常用的读书方法有：

（1）通读法

（2）摘抄法

（3）批注法

（4）读书笔记法

老师推荐新的读书方法：

（1）看电影

（2）向他人复述情节

老师分享读书方法，引导学生利用有效的读书方法阅读书籍。读书时我们可以先读序文或作者、编者的前言，知道全书的概况，然后给自己拟订一个读书计划，并按时看完。有不了解的地方，去查工具书，或请教老师和家长，还可以随手写简要的笔记。读——记——写的方式是好习惯。另外，读书至少要读三遍以上，第一遍要通读，大概了解一下全书的主要内容；第二遍要品读，慢慢地读，细细地品味，注意到各章各段的结构；第三遍要精读，细细地一段一段地读，并且在深入理解的基础上感悟写法，尝试运用。

学习活动二：《狼王梦》精彩情节、片段感悟分享

☆ **活动目标：**

1. 学生合作交流《狼王梦》精彩片段，谈谈自己的感受。

2. 了解主人公紫岚为实现丈夫的遗愿——"狼王梦"的奋斗历程，体悟它不屈不挠，为实现梦想执着奋斗的精神。

☆ **活动时间：** 40分钟（1课时）

☆ **活动准备：** 阅读《狼王梦》

☆ **学习领域：** 语文　阅读拓展

☆ **活动过程：**

一、合作交流，赏析精彩情节

《狼王梦》展示了动物世界的神奇，描写了动物的情感世界，感染了一代又一代的读者。紫岚为实现丈夫的遗愿——"狼王梦"，是怎么努力奋斗的？

1. 我复述：

把你认为最精彩或最喜爱的情节复述给同学听，各小组派代表在班上进行交流分享。

2. 我会读：

你觉得书中哪个情节最精彩？说说理由。

3. 我会想：

你认为紫岚是一匹怎样的狼？它不屈不挠，为实现梦想而执着奋斗的精神体现在哪里？结合书中内容来印证。

二、交流读后感悟

　　这是一个关于狼、关于爱、关于奋斗与梦想的故事……当然，你读了这本书之后，一定会有和我不一样的感受。

　　1. 在母狼紫岚家族的成员中，你对谁的印象最深？为什么？

我对＿＿＿＿＿印象最深，因为＿＿＿＿＿＿＿＿＿＿＿＿＿＿＿＿＿＿＿

＿＿＿＿＿＿＿＿＿＿＿＿＿＿＿＿＿＿＿＿＿＿＿＿＿＿＿＿＿＿＿＿＿＿＿

＿＿＿＿＿＿＿＿＿＿＿＿＿＿＿＿＿＿＿＿＿＿＿＿＿＿＿＿＿＿。

　　2. 读了《狼王梦》，你最想说什么？

我想说＿＿＿＿＿＿＿＿＿＿＿＿＿＿＿＿＿＿＿＿＿＿＿＿＿＿＿＿＿＿＿

＿＿＿＿＿＿＿＿＿＿＿＿＿＿＿＿＿＿＿＿＿＿＿＿＿＿＿＿＿＿＿＿＿＿＿

＿＿＿＿＿＿＿＿＿＿＿＿＿＿＿＿＿＿＿＿＿＿＿＿＿。

　　3. 老师分享感悟。

学习活动三：读书辩论会

☆ **活动目标：**

开展读书辩论会，加深对《狼王梦》的理解。

☆ **活动时间：** 40分钟（1课时）

☆ **活动准备：** 阅读《狼王梦》

☆ **学习领域：** 语文　综合学习

☆ **活动过程：**

读书辩论会

为了实现狼王梦，紫岚付出了那么多，牺牲了那么多，对于它的做法，有人深受感动和鼓舞，有人扼腕叹息，倍感遗憾。现在请同学们就这个话题展开辩论，请大家各抒己见，畅所欲言。

一、开展辩论赛

规则：

1. 第一阶段：双方辩手各自陈述自己的观点，时间为5分钟。

2. 第二阶段：自由攻辩，双方的二辩和三辩选择对方的任何一位辩手进行攻辩，时间为2分钟。

3. 第三阶段：双方四辩进行总结性陈述，时间为5分钟。

二、分享感悟，收获成果

三、发出号召，培养阅读习惯

狼王梦

★设计者：曹欣　书香网阅读指导老师

★适用年级：五～六年级
★教学时间：40分钟（1课时）
★教学准备：阅读《狼王梦》
★学习领域：阅读　生活

★教学目标：

学生能对"梦想"这一母题提出自己的想法。

★内容简介：

　　母狼紫岚想要让自己的孩子当上狼王。它先后开始了对大儿子黑仔、二儿子蓝魂儿以及小儿子双毛的培养，可是都失败了。不得已，紫岚只能将希望寄托在女儿媚媚即将诞下的狼孙身上……

学习活动

一、关于梦想，你所知道的在实现梦想的过程中要注意些什么呢？

二、狼王梦想

从这个题目中，我们能不能看出这是一个什么样的梦想呢？

在狼王梦的背后，有着这样一段故事。（出示书中有关"黑桑遗愿"的部分）

三、培养黑仔

（出示书中有关"黑仔第一次跑到洞口等待紫岚"的部分）
紫岚想到了什么，才会下决心鼓励黑仔呢？

_____

_____

紫岚寄托在黑仔身上的狼王梦为什么没能实现呢？

_____

_____

四、培养蓝魂儿

（出示书中有关"紫岚教育蓝魂儿要勇往直前"的部分）
紫岚为什么没能让蓝魂儿当上狼王呢？

五、对待双毛

（出示书中有关"紫岚帮黑仔制服双毛"的部分）

紫岚实现梦想的做法合不合适？为什么？

_____

_____

_____

_____

你觉得它应该怎么做呢？

_____

_____

_____

_____

六、寄望狼孙

紫岚在它生命的最后一段时间内做了 4 件事，请排一排它们的顺序。

①媚媚用绝食来反抗紫岚。紫岚费尽心思要让媚媚活下去，好延续自己和黑桑的狼王梦。多次尝试失败后，紫岚终于用活生生的猎物激发出了媚媚捕食的欲望。

②媚媚临近分娩时，紫岚发现了来自天空的威胁——金雕。为了将来狼孙的安全，紫岚与金雕斗智斗勇，最终同归于尽。

③紫岚发现自己钟爱的勇敢健壮的大公狼卡鲁鲁，心思在女儿媚媚的身上。想到卡鲁鲁与媚媚的结合有可能让下一代成为"超狼"，紫岚忍痛把卡鲁鲁让给了媚媚。

④媚媚身上具有黑桑与紫岚那优秀的血统，紫岚要让它与一匹勇猛强悍的大公狼结合，好让狼孙继承这种优秀的血统。为此，当紫岚发现跟媚媚恋爱的是一匹不中用的草狼后，就咬死了它。

你怎么评价紫岚为了实现狼王梦的所作所为呢？

七、关于梦想，你在课上学到了在实现梦想的过程中要注意些什么呢？

狼王梦

★**设计者：** 林清　福建省福州市钱塘小学

★**适用年级：** 五～七年级

★**教学时间：** 120分钟（3课时）

★**教学准备：** 阅读《狼王梦》

★**学习领域：** 语文　科学　综合活动

★**教学目标：**

1. 学会进行好书推荐。

2. 了解作者，初步感知狼这一家子。

3. 感知故事主角——母狼紫岚的形象，了解它一生的梦想，体会它对狼儿的爱，学会感恩。

4. 初步学会思辨，思考狼道和人道的不同。

5. 尝试寻根溯源，追溯母狼塑造狼王失败的原因，认识团结协作的重要性。

★**内容简介：**

　　母狼紫岚在一个狂风骤雨的夜晚诞下了五只狼崽，四只公狼崽，一只母狼崽，但有一只公狼崽因紫岚的疏忽，死于暴风雨中。紫岚一直有一个梦想，希望把自己的后代培养成狼王，这个愿望是紫岚死去的丈夫黑桑的心愿。但在残酷的现实面前，它一次次失败，三只小公狼也相继死去，自己也已步入老年。最后，它只能把希望寄托在女儿所产的狼孙身上。为了狼孙的安全，它与一只以前吃掉自己儿子，现在想吃掉自己狼孙的金雕同归于尽了。

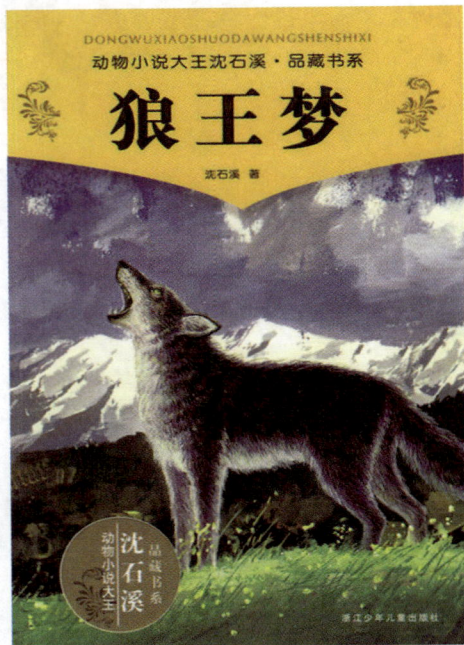

学习活动

一、走近作者：浏览封面封底，借助序言、评价品读

1. 真会读：封面、封底、序言、评论评价，你了解多少？和同学交流下。

2. 好书推荐单。

如果你想要把这本书推荐给朋友，你会怎么介绍这本书呢？请把它写下来。

（提示：可以说说你的感觉、故事内容、角色……）

这是一本（   ）的书。

这是一个关于（   ）的故事。

这本书 _____

_____

_____

_____

请你为这本书设计一张海报或宣传单，吸引大家一起来阅读这本书吧。

经典小说——

狼王梦

1. 紫岚一家小档案

户主	紫岚	
长子		
次子		
三子		
女儿		

2. 狼王梦目录

第一章：绝境分娩
第二章：培养黑仔
第三章：魂断捕兽夹
第四章：重塑王者品性
第五章：寄望后代
第六章：血洒碧空

读读它们的名字，你有什么发现？根据目录，推想一下故事的大致情节。

"同一本书"共读创意教案设计（二）

三、适时做简单批注

1. 我眼中的紫岚。

阅读书本，关注紫岚的描写，写写你独特的见解。

我喜欢姿影绰约的紫岚：_____

_____

_____

我喜欢勇敢的紫岚：_____

_____

_____

我喜欢（   ）的紫岚：_____

_____

_____

我知道紫岚的梦想：_____

_____

_____

2. 你欣赏黑桑吗？为当上狼王，它付出怎样的努力？

_____

_____

_____

它最终成功了吗？

_____

四、阅读中适时进行预测——判断——印证或调整判断

读完第二章，请你根据目录，推测第三、四章故事情节。

第三章：魂断捕兽夹

_____

_____

第四章：重塑王者品性

_____

_____

验证一下，你答对了吗？

五、思考和质疑——我是思辨者

精彩语句：

1. 紫岚最偏爱黑仔，因为它长得最像黑桑，黑仔长大一定会像黑桑那样健壮、勇敢、聪明的。紫岚把全部的母爱倾注在黑仔身上，它要把黑仔培养成新狼王。每次哺乳，它总是先让黑仔吃饱，然后才轮到蓝魂儿、双毛和媚媚。

我体味到其中的"狼道"：因为要培养"超狼"，母亲喂养狼儿可以（　　　），母狼紫岚"独狼"之策使（　　　）迅猛成长。

2. 蓝魂儿一定是饿坏了，也馋极了，望着紫岚嘴下的那块牛肋骨，抖抖索索走上前来，想分享一点儿。紫岚毫不客气地举起前爪一掌把它搂出两丈远。没出息，你想永远躺在妈妈的怀里生活吗？

我体味到其中的狼道：

_____

_____

说说：感激一路同行，您的无私关怀呵护，让我长得这么好！

六、阅读后善总结——我是终结者

母狼紫岚坚强勇敢，执着追求狼王梦，从衣袂飘飘的美狼到憔悴不堪的瘸腿老狼，塑造狼王的梦想也一次次走向破灭。请简要回放精彩瞬间。

1. 在母狼紫岚的精心打造下，狼儿最辉煌的"狼王范儿"。

黑仔：_____

_____

蓝魂儿：_____

_____

双毛：_____

_____

2. 三只狼儿的死亡原因。

黑仔之死：_____

_____

蓝魂儿之死：_____

_____

双毛之死：_____

_____

3. 三只狼儿同时降生，母狼一次次等狼王梦破再塑狼王。

我认为母狼紫岚的狼王梦失败的原因是：_____

_____

_____

_____

七、和小伙伴交流一下吧

我来助母狼紫岚完成狼王梦，我来编个完美结局的《狼王梦》。

海底两万里

★设计者：魏文欣　福建省三明市清流县城关中学

★适用年级：八年级

★教学时间：40 分钟（1 课时）

★教学准备：1. 师生共读《海底两万里》。

2. 学生分组阅读，做好读书笔记，赏析精彩情节。

3. 教具：世界地图、多媒体设备。

★学习领域：语文　人文　地理

★教学目标：

1. 通过对《海底两万里》的阅读，进一步激发学生课外阅读的兴趣。

2. 让学生养成良好的阅读习惯，学会分析情节与人物形象。

3. 激发学生热爱科学、向往探险的热情。

★内容简介：

1866 年，海上发现了一只疑似独角鲸的大怪物，阿龙纳斯教授及仆人康塞尔受邀参加追捕。在追捕过程中，他们与鱼叉手尼德·兰不幸落水，掉到怪物的脊背上。他们发现怪物是一艘构造奇妙的潜艇。尼摩船长邀请阿龙纳斯做海底旅行。他们从太平洋出发，经过珊瑚岛、印度洋、红海、地中海、大西洋，看到海中许多罕见的动植物和奇异景象。途中还经历了搁浅、土著围攻、同鲨鱼搏斗、冰山封路、章鱼袭击等险情。最后，当潜艇到达挪威海岸时，三人不辞而别，回到了家乡。

教学内容

一、知识竞赛

1. 知识小竞赛。（每题 3 分，抢答）（见阅读学习单）

2. 竞赛的最后一题：（PPT 投影或挂图）

你能在地图上画出阿龙纳斯等人的海底航行路线图吗？

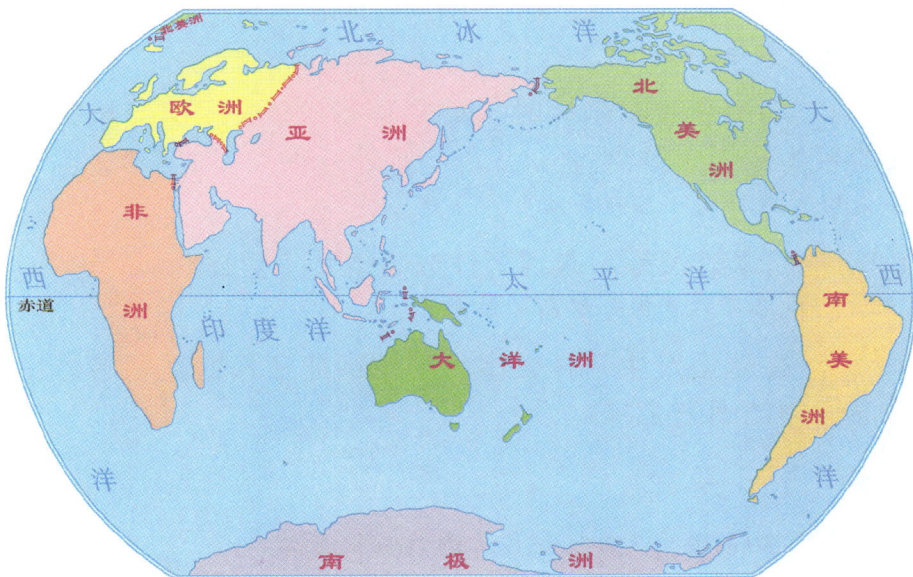

二、我随尼摩游海底

（PPT 投影图片上标注 ABCDEFG 点，建立链接）

假若我们也跟随尼摩去旅行，一路上会看到哪些美景，发生哪些险情呢？

A 点：太平洋的日本群岛的下方（出发地）　（北纬31° 15′，东经136° 42′）

☆ 问：有哪些人随尼摩船长去旅行？他们是自愿去的吗？

B点：太平洋的克利斯波岛　（北纬32°40′，西经167°50′）

☆ 问：阿龙纳斯收到了尼摩船长的一封邀请书，是什么内容？

C点：托雷斯海峡边上的格波罗尔岛

☆ 问：在托雷斯海峡边的这个岛上，阿龙纳斯等人遇到了什么险情？（视频欣赏精彩情节）他们是怎么打退土著人的进攻的？

D点：印度洋的锡兰岛

☆ 问：在这个岛上，尼摩船长等人遇到了什么险情？（复述，把握复述要点：事情的起因、经过、结果）你怎么看待尼摩船长做的事？

E点：冰雪大陆——南极

☆ 问：潜艇在驶离南极时，发生了什么事？尼摩船长等人是怎么解决问题的？（复述）

F点：留卡斯群岛（墨西哥湾）

☆ 问：尼摩船长等人遇到了什么险情？（复述）

G点：挪威沿岸的罗佛丹群岛（结束点）

☆ 问：在这里发生了什么事？阿龙纳斯三人的结局怎么样？"鹦鹉螺"号潜艇的结局怎么样？

三、我来说人物

你最喜欢文中的哪个人物？说说你的理由和依据。

四、拓展与升华

讲述凡尔纳小时候的故事，思考：

1. 你认为凡尔纳《海底两万里》的成功有哪些因素？

2. 你从这本书的成功上，汲取了哪些营养？

阅读学习单

1. 《海底两万里》是凡尔纳的三部曲之二，第一部是＿＿＿＿＿＿＿，第三部是＿＿＿＿＿＿＿。 （《格兰特船长的儿女》《神秘岛》）

2. 国际通用的海难求救信号是什么？ （SOS）

3. 尼摩船长会说几种语言？分别是哪几种？ （五种，英、法、德、拉丁）

4. "鹦鹉螺"号潜艇上的人用的墨水是用什么做的？ （墨角藻与海蔷薇的分泌物）

5. "鹦鹉螺"号上的藏书有多少？ （12000 册）

6. 一条巨鲨袭击采珠人时，是谁把那条鲨鱼杀死了？ （尼摩·艇长）

7. 鲸鱼用什么进行呼吸？ （肺）

8. 潜艇上的人用来写字的笔是用什么做成的？ （鲸的触须）

9. 请举例说出海底的三种植物。

   （海带、紫菜、石花菜）

10. 大章鱼的血液是什么颜色的？ （蓝色）

11. "鹦鹉螺"号最后的结局怎样？ （挪威大漩涡）

12. "鹦鹉螺"号用什么击退了土著人的进攻？ （电）

13. 北半球海洋中的水以什么方向流动？ （顺时针）

14. 尼摩船长用什么办法解除了被困在冰层中的危机？ （沸水）

15. 你能在地图上画出尼摩船长与阿龙纳斯在海底环球旅行的路线图吗？

爱的教育

★**设计者：**赵秀金　福建省莆田市湄洲湾北岸忠门中心小学

★**适用年级：**三～六年级

★**教学时间：**160 分钟（4 课时）

★**教学准备：**阅读《爱的教育》

　　　　　　搜集、整理相关资料

★**学习领域：**语文　人文　综合活动

★**教学目标：**

1. 喜欢阅读，善于交流分享。

2. 掌握阅读方法，培养语言表达能力和初步的鉴赏能力。

3. 做有爱心的好少年，学会感恩和回报。

4. 勤于观察积累体验，会用各种方式抒写生活。

5. 了解人物特点，写身边印象深刻的人。

★**内容简介：**

　　《爱的教育》是意大利作家亚米契斯写的一部极富感染力的儿童小说。他通过小学四年级学生安利科写的日记，抒发了人类最伟大的情感——爱。书中讲述了发生在安利科身上的各式各样感人的小故事，记录了父母、姐姐对他的劝诫，以及老师在课堂上宣读的 10 则精彩的"每月故事"，突出了师生之爱、父母之爱、同学之爱、祖国之爱。

　　让我们走进《爱的教育》，仔细倾听爱的絮语，用心感受生活中的美与丑、善与恶……

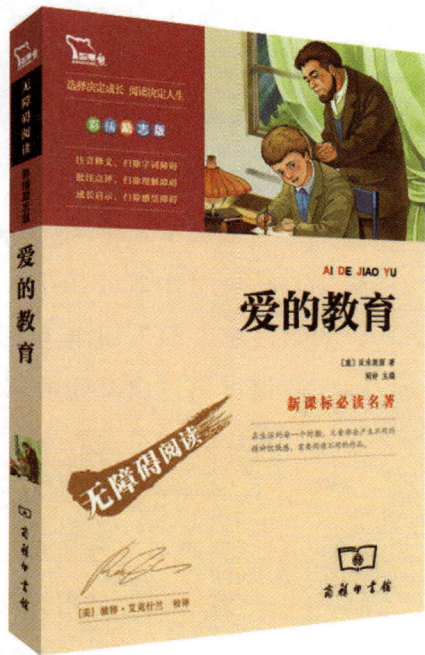

学习活动一：好书共读　智慧共享

☆ **活动目标：**

1. 在阅读中领会读书方法，学会记忆故事内容和好书推荐。

2. 培养语言表达能力和初步的鉴赏能力。

☆ **活动时间：** 40分钟（1课时）

☆ **活动准备：**

1. 老师解读《爱的教育》及准备相关课件。

2. 学生阅读《爱的教育》，选自己喜欢的故事在组内交流。

☆ **学习领域：** 语文　人文　综合活动

☆ **活动过程：**

好书共读，智慧共享。个人的智慧仅是草尖露珠，集体的智慧才是长河流水！让我们一起走进《爱的教育》吧！在交流分享中，让智慧之花更加五彩缤纷。

一、猜出故事名字

看课件，请猜出是哪个故事。（"开学的第一天""帕多瓦的爱国少年""虚荣心""争吵"……）

二、推荐阅读《爱的教育》

1. 了解封面。

请你认真看一看书的封面，说说你从封面上了解到了什么，你还想了解什么。

2. 了解阅读方法。

拿到一本厚厚的书，你准备怎么读下去？结合以往的经验交流一下。

（1）你阅读的顺序是什么？（先看序言，再看目录，然后阅读正文……）

（2）从序言中你了解到什么？（故事简介、作品影响……）

（3）看一下目录，告诉大家，你最熟悉哪些故事？

3. 了解大体内容。

请你以自己喜欢的方式读一读，再告诉大家，你从中了解到什么。

4. 学会阅读推荐分享。

交流展示，完成阅读学习单一。

（1）你找到自己想读的故事了，那么怎么读好呢？谈谈自己的经验。

小结：做到三点：一、认真阅读，弄懂内容；二、品评人物，理解道理；三、边读边想。

（2）你最喜欢哪个故事？为什么？请讲给小组的同学听。

（3）如果让你推荐这本书，你会怎么介绍？

（温馨提示：可以说有哪些故事、书的主要内容、最喜欢的故事、角色特点、有哪些精彩片段以及读后的感受及收获。）

学习活动二：我爱祖国　放飞梦想

☆ **活动目标：**

1. 读爱国英雄的故事，了解人物特点，培养语言表达能力和初步的鉴赏能力。

2. 了解祖国，展示"祖国在我心中"的作品，增强责任感和爱国心。

3. 感恩祖国，歌颂祖国，畅谈自己的理想。

☆ **活动时间：** 40分钟（1课时）

☆ **活动准备：**

1. 深入阅读《爱的教育》中的爱国故事。

2. 搜集、整理"祖国在我心中"的资料及作品。

☆ **学习领域：** 语文　人文　综合活动

☆ **活动过程：**

一、读文中的爱国故事，分享精彩片段，品味语言，在小组内交流。

　　片段一：冰雹一样的钱币倾泻下来，砸在他们的头上和肩上，掉在桌子上和地上，叮当作响。这三个人愤怒地站起来，硬币正好打在他们的脸上。"拿走你们的臭钱！"少年从床帘后伸出头，轻蔑地说，"谁辱骂我的国家，我就不接受谁的施舍！"

　　☆　这是帕多瓦爱国少年的言行，结合他当时的生活处境谈谈你的感受。

71

片段二："我弯着腰跑，还是被敌人发现了。被子弹打中后再往山下跑还真难。"少年只剩下一条腿，他的左腿已从膝盖上截断，用纱布包扎着，渗出殷红的鲜血。"要不是他发疯地奔跑，那条腿本来是可以保住的。结果发了严重的炎症，只能截肢。"

☆ 请你展开想象，撒丁岛的少年鼓手被子弹打中后，发疯奔跑完成任务以及截肢的镜头。想象他的动作、语言、心理活动及神态表情，再现小英雄的高大形象。

二、了解祖国，感恩祖国，树立远大的理想。小组交流分享，完成阅读学习单二。

1．祖国在我们心中，说出祖国让你引以为豪的地方。如广袤的土地、勤劳的人民、悠久的历史、灿烂的文化及所取得的巨大成就，并谈谈自己的感受。

2．祖国是我们的母亲，生命的摇篮。让我们深情朗诵爱国的诗篇来感恩祖国，歌颂祖国。

3．"少年智则国智，少年强则国强。""有志不在年高，无志空长百岁。"周恩来少年时就树立了"为中华之崛起而读书"的远大理想。让我们也做个有理想的少年吧！

（1）在你看来理想是什么？读阅读学习单二的诗句，模仿它写一写。

（2）给你畅谈理想的机会，请说出你的理想是什么，准备怎么去实现，并把想法写下来。

学习活动三：我爱我家　亲情无价

经典小说——爱的教育

☆ **活动目标：**

1. 读《爱的教育》部分故事，了解安利科父母的特点。

2. 关注生活，回忆你与父母之间的故事。

3. 理解父母，学会关心体贴。

☆ **活动时间：** 40分钟（1课时）

☆ **活动准备：**

1. 再读《爱的教育》，了解安利科的父母。

2. 回忆自己与父母之间的故事。

3. 着手制作贺卡。

☆ **学习领域：** 语文　人文　综合活动

☆ **活动过程：**

一、安利科是一位了不起的孩子，他的成长离不开父母的教导。你喜欢安利科的父母吗？结合故事内容说说你对安利科父母的认识。

二、你的父母有什么特点？请向大家简单介绍一下。

三、回忆你与父母之间的故事，学会理解与感恩。交流展示，完成阅读学习单三。

1. 说出一个你与父母之间难忘的故事，并谈谈自己的感受。

2. 珍视亲情，学会沟通，请你敞开心扉对父母说出自己的心里话。你想对他（她）说什么，怎么说？以"我想对爸爸（或妈妈）说"为题，把心里话写下来。

3. 你平常在关心体贴父母方面做得怎么样？以后准备怎么表达对父母的爱？

(1)在父母生日时，请主动为父母做一件事，如端上一杯热茶或唱一首歌等。

(2)献上一张自己亲手制作的生日贺卡，设计好图案，配上漂亮的图画，再用英语和汉语写上祝福的话。

学习活动四：我爱学校　真情绵长

☆ **活动目标：**

1. 热爱学校，仔细观察并画张画。

2. 了解老师，尊敬老师，不忘师恩。

3. 正确认识自己及同学，学会尊重。

☆ **活动时间：** 40分钟（1课时）

☆ **活动准备：**

1. 细读《爱的教育》中介绍学校、老师及同学的故事。

2. 深入了解自己的学校、老师和同学。

☆ **学习领域：** 语文　人文　综合活动

☆ **活动过程：**

学校是我们的第二个家。我们在这里学习，在这里游戏，在这里歌唱。让我们用实际行动来表达对学校、对老师、对同学的爱。交流展示，完成阅读学习单四。

一、你爱自己的学校吗？你心中的校园是什么样子？请拿起你的笔把它画下来。

二、我们的成长离不开老师。回忆一下，哪位老师给你留下最难忘的印象，把他（她）介绍给大家，并为老师唱首歌，感谢老师的辛勤付出。

三、正确看待同学和自己的优点与缺点，理解与尊重从点滴做起。

1. 描述班上一位同学的外貌特征、兴趣爱好、优秀品质及缺点，让同学猜猜。

2. 学会正确看待自己，说出心中的自己，请同学提提建议。

3. "金无足赤，人无完人。"当同学有缺点时你会怎么做？是宽容、理解、帮助，还是疏远、冷漠、歧视？

4. 你与同学之间有没有发生过不愉快的事？原因是什么？事情经过是什么样的？结果呢？想一想，在小组中与同学分享一下。

阅读学习单一：想一想　说一说

☆ 向你推荐这本书

这是一部（　　　　　　　　　　　）的儿童小说，是（　　　　　　）作家（　　　　　　）写的。他是通过（　　　　　　　　　　）写的日记，抒发了人类最伟大的情感（　　　　　　）。这本书讲述了发生在（　　　　　　　　　）的小故事，记录了（　　　　　　　）的劝诫，以及（　　　　　　）每月故事，它告诉我们：（　　　　　　　　　　　　　　　　　　）。

☆ 我最喜欢读的故事

在这本书中你最喜欢哪个故事，为什么？请把故事讲给同学听。

这本书中我最喜欢的故事是《　　　　　》，因为这个故事讲了＿＿＿＿＿＿＿＿

＿＿＿＿＿＿＿＿＿＿＿＿＿＿＿＿＿＿＿＿＿＿＿＿＿＿＿＿＿＿＿＿＿＿＿＿＿＿

☆ 我最喜欢的精彩片段

75

阅读学习单二：颂一颂　写一写

☆ 凝词讴歌颂祖国

深情朗诵感恩祖国、歌颂祖国的诗歌，需先做好计划及准备。（搜集诗歌，搭配音乐，角色分配，准备台词和排练等。）

诗歌主题是：_____音乐背景是：_____台词及诗歌内容是：_____

_____

角色分配：

同学甲：_____同学乙：_____ 同学丙：_____ 同学丁：_____

☆ 从小立志，为梦启航

读下面诗句，再模仿写一写。

理想是石，敲出星星之火；

理想是火，点燃熄灭的灯；

理想是灯，照亮夜行的路；

理想是路，引你走到黎明。

我写的诗

我的理想

77

阅读学习单三：忆一忆　做一做

☆亲情故事感动了我

1. 爸爸、妈妈爱我的故事：

2. 曾经有过的误解：

☆ 心怀感恩，我会表达

1. 以"我想对爸爸（或妈妈）说"为题，对父母说说心里话。

2. 在父母生日那天，主动为父母做一件事并献上一张亲手制作的贺卡。

下面提供两款好看的纸质单面卡片。你还可以用几种材料制作纸质立体卡片。

☆ 创意贺卡我能行 （可以上网查找，也可以跟同学讨论构思）

准备材料：_____

制作步骤及过程：_____

我的感受及收获：_____

_____

☆ 可爱的学校，我要把最美的画献给你

这两位小朋友画的校园图片，画得真漂亮！

我也要画我心中的校园：

☆ 敬爱的老师，我要把最甜的歌献给您

我心目中最难忘的一位老师

我为老师唱首歌

《感恩的心》《献给老师的歌》《老师的话》《感谢有你，老师》《每当我走过老师的窗前》《园丁之歌》，这么多歌曲，你最想唱哪一首？为什么？

青铜葵花

★设计者：郑凌燕　福建省福州市钱塘小学

★适用年级：五～六年级

★教学时间：120分钟（3课时）

★教学准备：阅读《青铜葵花》

★学习领域：阅读　语文　生活

★教学目标：

1. 了解作品内容，养成良好的课外阅读习惯。

2. 在教师的带领下品味《青铜葵花》，一起分享阅读《青铜葵花》的心得，交流阅读过程中的收获。

3. 在独立阅读的基础上，泛读、精读作品片段，解读人物形象。

4. 学会正确对待生活中的困难、挫折，培养乐观的生活态度。

★内容简介：

　　一个特别的机缘，七岁的城市女孩葵花和乡村男孩青铜成了以兄妹相称的朋友。他们一起生活，一起长大。十二岁那年，女孩葵花被命运召回了她的城市，男孩青铜从此常常遥望着芦苇荡的尽头，遥望着女孩葵花所在的地方……

学习活动一：初见青铜葵花　感受"孤独"世界

☆ **活动目标：**

抓住感人的情节，引导学生把握细节，从细节中感受人物孤独的内心世界，结合文本发表自己的见解。

☆ **活动时间：** 40分钟（1课时）

☆ **活动准备：**《青铜葵花》书评摘录　阅读《青铜葵花》

☆ **学习领域：** 语文　社会

☆ **活动过程：**

一、出示书评摘录，初步了解《青铜葵花》。

《青铜葵花》让读者的心里头荡起微微的波澜，波澜一圈一圈地荡开去，心便跟着湿润起来、温暖起来、纯净与柔和起来。

——许建昆（台湾东海大学教授）

这是一部让我感动、让很多人感动的作品。《青铜葵花》中的苦难是现实的、沉重的，但表现出来却极其诗意、灵动。

——王泉根（儿童文学教授）

在我们的文学越来越没有美感的时代，曹文轩以他的作品不断提醒我们文学是美的、自然是美的、人生是美的、人性是美的，因此他的作品是大气的。

——方卫平（儿童文学教授）

二、初读主要内容。

1. 出示内容简介，了解故事大致内容。

2. 阅读书的目录，猜想：青铜与葵花之间发生了哪些故事？

三、阅读"初见葵花"部分，品读"孤独"。

1. 如果你要为本章节找一个主题，你觉得主题是什么？

2. 出示：葵花很孤独，是那种一只鸟拥有万里天空，却看不见另外任何一只鸟的孤独。

3. 文章开头的这一段话道出了葵花的孤独，"孤独"是这一章节的主题，你在文中找找看，从哪些情节中，你还能读到葵花的"孤独"？

4. 你读到这几段文字时，感受到的是一种怎样的孤独？

5. 文中还有谁是孤独的？你从哪些情节读到他的孤独？

6. 正是两个孩子都有孤独的感觉，他们才能体会到彼此的内心。虽然青铜是个哑巴，但这并不妨碍他们之间无声的交流。

7. 读一读文章中对无声世界的描述，谈谈你对这无声世界的理解。

四、你体验过孤独的感觉吗？结合自己的体验说说那是一种怎样的感受？

五、当你感觉到孤独的时候，你会怎么处理？你会用什么办法排遣孤独？

学习活动二：感受"苦难"　学习乐观　品读"无声的爱"

☆ **活动目标：**

1. 交流阅读感受，加深对小说的理解，感受小说的语言魅力。

2. 通过阅读，理解苦难，重新认识苦难，学会乐观地面对生活。

3. 感受"无声的爱更真挚"，学会像青铜一家一样，用自己的行动表达爱。

☆ **活动时间：** 40分钟（1课时）

☆ **活动准备：** 阅读《青铜葵花》

☆ **学习领域：** 语文　社会

☆ **活动过程：**

一、引入话题，品读"苦难"。

曹文轩说："苦难几乎是永恒的。每一个时代，有每一个时代的苦难。苦难绝非是从今天才开始的。今天的孩子，用不着为自己的苦难大惊小怪，更不要以为只是从你们这里开始才有苦难与痛苦。人类的历史，就是一部苦难的历史，而且这个历史还将继续延伸下去。我们需要的是面对苦难时的那种处变不惊的优雅风度。"

1.（出示"苦难"二字）你怎么理解"苦难"？

2. 在大麦地中，青铜一家是最穷的。这样穷苦的家庭在收留了葵花后，又接连遇到了许多困难和灾难，使原本贫穷的生活更加艰难。因为穷，这家人经历了哪些苦难？面对一次又一次的困难、灾难，青铜一家是如何对待的？

遇到的苦难	如何对待

3. 结合书中的故事和自己的生活经历，写一写对"苦难"的认识。

在青铜一家的生活中，苦难是 _____

苦难是 _____

苦难是 _____

在我眼里，原来我以为苦难是 _____

现在，我觉得苦难是 _____

4. 你的生活中，有过苦难的经历吗？你当时是什么样的心情？如果你现在再遇到苦难，你会如何对待？

二、在生活中，我们感受爱，给予爱，请你谈一谈对"爱"的理解。

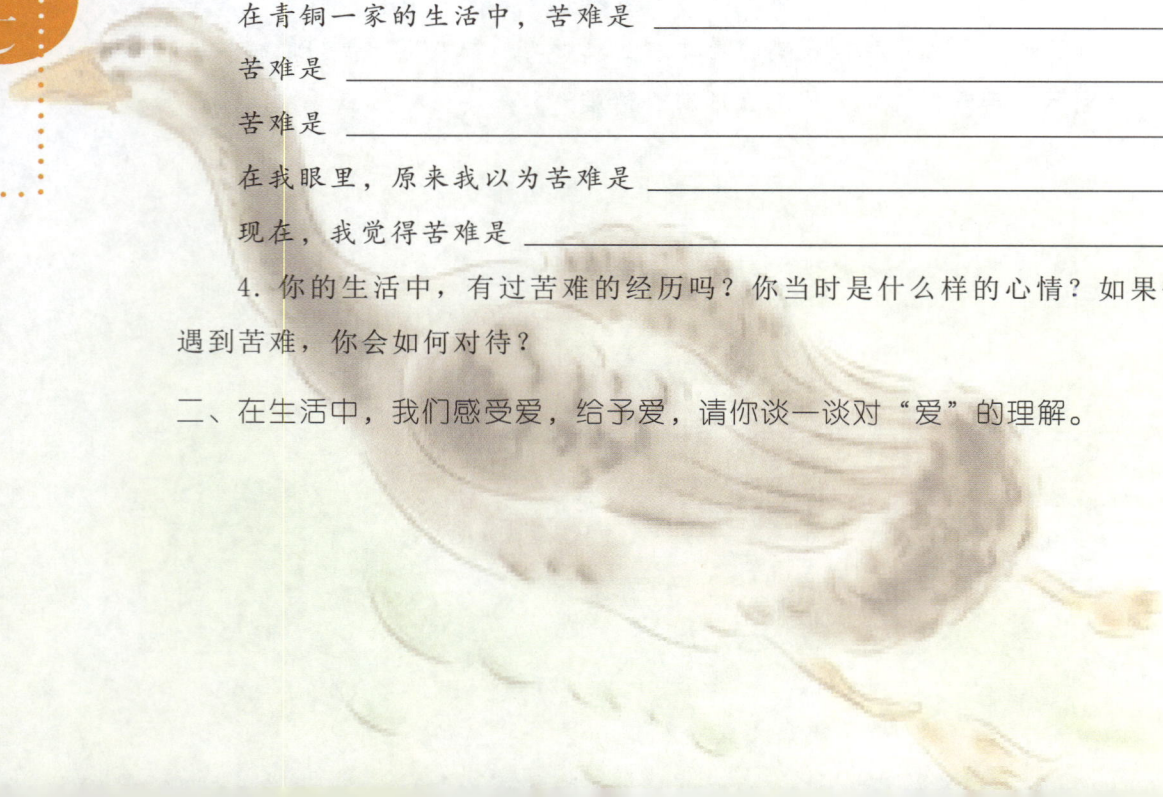

三、爱无非就是用语言表达出的一种情感，可是，在《青铜葵花》这本书中，青铜是个哑巴，他不会说话，却一直默默地关心着收养的妹妹——葵花。青铜对葵花的爱，是用无声的行动来表示的。在文中，你从哪些情节读到了青铜对妹妹葵花的爱？

四、青铜的爱，就在无声的细节处，我们把它写成一首爱的小诗吧！

爱

青铜的爱，是上放学路上的陪伴，

青铜的爱，是 ＿＿＿＿＿＿＿＿＿

青铜的爱，是 ＿＿＿＿＿＿＿＿＿

青铜的爱，是 ＿＿＿＿＿＿＿＿＿

青铜的爱，是 ＿＿＿＿＿＿＿＿＿

五、感悟无声的爱。

除了青铜，谁还在默默地付出爱，一起支撑着这个家？请同学们找出相关片段读一读，说一说自己的阅读感受。

六、小结

在作者的笔下，青铜一家对待贫穷以及天灾、人祸，没有悲观、绝望，而是以平静的心态、不屈的精神，乐观地对待生活，一家人其乐融融。他们的爱，是支撑着这个贫困的家庭向前走的动力，让人感动，让人流泪。

七、在你的生活中，你对身边的家人、朋友表示过无声的爱吗？请写下来。

87

学习活动三：思考　延伸

一、导入

这段日子，我们阅读了曹文轩纯美小说系列中的《青铜葵花》，那隽永的文字，那真挚的情感，把我们带进了一个感人至深的世界。常言道，读书是幸福的，交流是快乐的。今天我们就一起来交流阅读收获吧。

二、走近人物

1. 本书中出现的人物很多，你最喜欢谁？

2. 在你的心目中，青铜是个怎样的孩子？能结合书中具体的事例来谈谈吗？

3. 在你的心目中，葵花是个怎样的女孩？你又是从哪些地方感受到的？

青铜是个什么样的孩子	葵花是个什么样的孩子
留给你的印象：	留给你的印象：
事例一：	事例一：
事例二：	事例二：

三、思考

1. 小说中青铜一家是大麦地最"干净"的人家，你怎么理解？你觉得他们一家人还有什么特点？

2. 青铜一家和大麦地人都不愿意葵花回城，为什么他们最终还是让她回城了？

3. 作者为男女主人公分别取名"青铜"和"葵花"，可能有什么寓意？

4. 作者在封底给读者留下了这样一段话：

每一个时代的人，都有每一个时代的人的痛苦，痛苦绝不是今天的少年才有的。少年时，就有一种对痛苦的风度，长大时才可能是一个强者。

联系实际，谈谈你对这段话的理解。

四、拓展延伸

晚上熄了灯，葵花的爸爸对葵花说："这孩子长得怎么这样像你哥哥？"

文章的开头，在葵花爸爸第一次见到青铜时有这样的描写。葵花的爸爸去世后，青铜一家收留了葵花，他们真的成了一家人。在曹文轩的作品中，我们看到了冥冥之中命运的安排。请你设想一下，青铜与葵花以后还会见面吗？他们之间还会发生什么样的故事？

阅读书单

我读　　年级　　班　　姓名：　　　　　　　　我是个　　男生　　女生
我在　　　年　　月读这本书。
如果让我给这本书一个奖项，我会颁给它（　　　　　　　　　）奖
我最喜欢的一个情节是： 这本书，有几个句子我很喜欢：
这本书，有几个句子我不太懂：
最欣赏书本中哪个人物？最不喜欢哪个人物？请你给他一句评语。 最欣赏：　　　　　　　　　　　评语： 最不喜欢：　　　　　　　　　　评语：
读完这本书，我的收获是：

六、拓宽、延伸，阅读链接

1. 阅读《草房子》，通过对比阅读完成下面的表格。

作品	主要人物形象	故事内容	文中出现的代表性景物	写作特点
《青铜葵花》				
《草房子》				

2. 通过对比阅读，体会曹文轩小说的儿童视角、乡土情结、诗性美。

七、阅读萧红的《呼兰河传》，体会作家不一样的童年生活。

八、阅读链接

《根鸟》　曹文轩　著

《你是我的妹》　彭学军　著

经典小说——

青铜葵花

马提与祖父

★**设计者**：周其星　广东省深圳市实验学校小学部

★**适用年级**：四～六年级
★**教学时间**：40分钟（1课时）
★**教学准备**：阅读《马提与祖父》
★**学习领域**：语文　人文

★**教学目标：**

1. 通过对整本书的阅读，了解这本书的相关信息（作者、内容等）。

2. 在对语言的直接接触中，感受爷爷的智慧，体验祖孙之间亲密无间的情感。

3. 激发学生对死亡文学叙事模式进行适当的关注及研究。

★**内容简介：**

爷爷将不久于人世，双目紧闭，面色惨白，躺在床上动也不动。亲友们围绕在旁边，泪流满面，但是七岁的孙子马提却没有哭。就在马提望着天花板上的苍蝇胡思乱想之际，突然听见爷爷开口邀他去散步。于是在虚幻与现实的生死交界处，马提与祖父展开了一段奇异的旅程：他们一起漫步田野，用裤子口袋抓鱼，捕获半黑半白的小马"小捣蛋"，穿越高高的向日葵林，寻找海盗遗留下来的宝藏……

在这次奇异的游历中，爷爷不断缩小，从正常高度到跟马提一样高，而后到马提腰际，最后，爷爷让马提将其吸到鼻孔里，从而进入了马提的身体。

教学内容

一、课前谈话，诵读入境

1. 谈话引入

今天的课堂跟别的课堂会不一样，我们将会一起交流分享最近看过的一本书，一起度过生命中一段难忘又美好的时光。

老师先给大家朗诵一首诗：《蜕》。

蜕 （宫玺）

草地上那么一闪就不见了

遗留下一条空空的皮囊

轻，白，皱缩，有如逝去的日子

那是蛇

那是冬眠后的生命的锋芒

烂漫年华也许只觉得有趣

我却感到周身如剥如烫

自我扬弃，大大小小的火圈

没有新生的强烈欲望

怎能

义无反顾地穿过死亡

2. 师范读，再和学生一起来读。（可以设计老师读，学生读，师生一起读。）

听懂了吗？知道这是什么蜕吗？猜猜老师为什么将这首诗送给大家。

3. （出示书封面）请用一两句话对这本书进行介绍，让大家了解一下这是一本什么样的书。

1. 出示图片，认识作者。

师：这样一部优秀的文学作品，是出自谁之手呢？我们一起来认识作者——普密尼。（出示图片，认识作者——一位热爱孩子，愿意和孩子在一起的作家。）

2. 幻灯出示原版插图，配上音乐，缓缓走进故事，和学生一起回忆故事内容。

3. 化身角色体验，了解神奇经历。

师：马提，马提？怎么了，在想什么呢？

生（化身马提的角色进行回答）：……

师：这一路有什么好玩的吗？哪些经历让你念念不忘？

生（继续化身马提，回答一路上难忘的经历）：……

三、移情体验，品读语言

师：这段旅程、这些记忆让人快乐，让人惊奇，也让人担心，让人释然。只要细心品读，我们还会发现，故事中还有很多地方让我们觉得意味深长，这也是爷爷留下来的珍贵记忆啊。

我们一起来读读爷爷与马提的对话，现在，老师是爷爷，你是马提，让我们一起再现当时的情境。

　　1. 关于远近。

　　幻灯片出示对话——

　　"爷爷，怎么好像永远也走不到这座桥？"马提问。

　　爷爷回答："也许我们想得太迫切了些。"

　　"什么意思？"

　　"通常我们太迫切地去期望什么，反而得不到。"爷爷说。

　　"但总有一天会得到吧？"

　　"是的，只是你不知道是在什么时候。"

　　【讨论话题：真是好奇怪啊。读到这里时，你有什么独特的感觉吗？生活中你有过这样的经历吗？】

　　2. 关于占有。

　　幻灯片出示对话——

　　"不，我的意思是，没有任何东西是你能百分之百占有的。"

　　"连一个球，或一粒小石子都不行吗？"

　　"是的。你只能占有它们的一部分。"

　　"那么不属于我们的那些部分呢？"

　　"那些属于这个世界。"

　　【读完之后，老师追问一个问题：我们属于自己吗？一番讨论之后，老师总结：看来这也不一定哦。可见，谁都不要奢望去"占有"，那就让我们学会"分享"吧。】

　　3. 关于空壳。

　　幻灯片出示对话——

　　"这是个空壳，是虫子蜕化时脱下来的。有些虫子长大时，不连着旧皮一起生长，而是会把外皮脱下来。你看见的就是一个老而无用的空壳。"

"不过它看起来挺滑稽的，好像是昆虫的纪念品。"马提说。

【讨论话题：如果说这是纪念品的话，那么纪念的是什么呢？】

四、关注变小，理解隐喻

书中这样充满智慧充满哲理的话语还有很多很多，值得我们一读再读，细细品味。

1. 寻找奇怪的感觉。

比如说有这样一处情节。记得吗，和爷爷一起抓鱼的时候，马提看着爷爷，有了一种很奇怪的感觉，好像有什么地方不对劲儿，越到后来感觉越明显。这是怎么回事？谁来解释一下？

师：对，爷爷在慢慢变小。这是这本书最奇特也最杰出的地方。

2. 爱的人永远活在我们心里。

师：一起来看这段对话。

幻灯片展示——

爷爷明显现在比马提小了一截。

"你为什么这样看着我？是不是因为我又变小了？"

"是的，爷爷。我真怕，如果你再这样变小下去，说不定会消失得无影无踪的。"

"我们不久就会知道了。"爷爷说着，面露微笑，"也许当我小到一丁点儿大时，就会又开始长大，说不定会变成一个巨无霸爷爷呢！"

师问：爷爷后来变成巨无霸爷爷了吗？

展开讨论，老师根据情况适当提示：化为无形，无形的力量是最强大的，也只有无形的东西才会永恒。

师：爷爷被马提吸进了心里，他在孩子的心中找到了最好的安居之所。爸爸说："我们所爱的人会永远活下去的，跟着我们活一辈子。"

你明白他所说的意思吗？

是啊，时间可以终止，故事可以结束，但是，当我们开始回忆，一切都会复活，爷爷将永远留存在我们的记忆里。这个时候他就长成了"巨无霸爷爷"吧。

五、对比叙事，回归主题

师：生离死别，总会让人痛苦不堪，但是在这个故事里我们却分明感到一丝温暖。相近题材的故事我们读过很多，都讲到了死亡，一起来看一看。

故事	类型	逝者	结局
盘古开天辟地	神话	盘古	化作万物
精卫填海	神话	炎帝女儿女娃	化为精卫鸟
梁山伯与祝英台	传说	梁山伯、祝英台	化作蝴蝶
促织	志怪小说	蟋蟀男孩	化作蟋蟀
去年的树	童话	大树	化为无形
爷爷变成了幽灵	童话	爷爷	变成幽灵
獾的礼物	童话	獾	经过长隧道
你到哪里去了	童话	小鼹鼠的哥哥	化作白云化作风
马提与祖父	儿童小说	爷爷	渐渐变小，吸进心里

不同的故事，不同的作品类型，主人公不一样，结局的描写也不一样。我们不妨来研究一下。

（此表格第一次出现时，只有前面两栏：故事和类型，后面的逝者和结局需要经过讨论，然后才出现答案。）

为什么这样形容死亡？你是怎么理解的？

所以，读完这些故事，我们会难过，但不会有太多悲伤；我们难免有些害怕，但不会有太多恐惧。正如书里说的那样：

"在这个故事里，天空总是晴朗、明亮的。"

在这些故事里，天空也总是晴朗、明亮的。

六、感悟生命，净化心灵

轻轻聆听并低低吟诵《化作千风》。

化作千风（新井满）

请不要

伫立在我坟前哭泣

我不在那里

我没有沉睡不醒

化为千风

我已化身为

千缕微风

翱翔在无限宽广的天空里

秋天

化身为阳光

照射在田地间

冬天

化身为白雪

绽放钻石光芒

晨曦升起时

幻化为飞鸟轻声唤醒你

夜幕低垂时

幻化为星辰温柔守护你

请不要

伫立在我坟前哭泣

我不在那里

我没有沉睡不醒

化为千风

我已化身为

千缕微风

翱翔在无限宽广的天空里

爱德华的奇妙之旅

★**设计者：** 张赛娥　福建省福州市钱塘小学

★**适用年级：** 四～五年级
★**教学时间：** 80 分钟（2 课时）
★**教学准备：** 阅读《爱德华的奇妙之旅》
★**学习领域：** 语文　人文　综合活动

★**教学目标：**

1. 了解一本书的封面信息，了解选择同类书籍的途径。

2. 接纳阅读成为一种休闲方式。

3. 能够从故事里提取代表性的事物来设计情节浏览图。

4. 懂得珍惜拥有的幸福，学习用感恩的心接纳生活的变化。

5. 交流阅读故事的体验，吸收接纳不同的思考角度，愿意打开心扉，参与讨论。

★**内容简介：**

　　小主人阿比林深深爱着爱德华—— 一只自命不凡、谁也不爱的陶瓷兔子。在一次旅行中，因为两个男孩的恶作剧，爱德华跌入大海烂泥里。从此，它的命运跌宕不安。它和渔夫的妻子为伴，和流浪汉为伍，和贫病交加的兄妹相依为命……爱德华的心渐渐柔软。它学会了倾听，学会了去爱。可是，每一次的相逢都像被诅咒一样。陶瓷的心剧烈地疼痛着，为了爱德华深深爱着的，遇到又失去的每一个人。爱德华，你会找到爱吗？

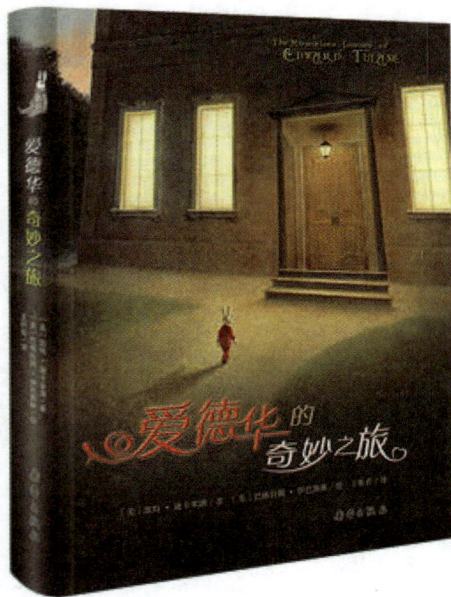

学习活动一：我的阅读之路

☆ **活动目标：**

1. 了解一本书的封面信息，了解选择同类书籍的途径。

2. 接纳阅读成为一种休闲方式。

3. 能够从故事里提取代表性的事物来设计情节浏览图。

☆ **活动时间：** 40分钟（1课时）

☆ **活动准备：** 阅读《爱德华的奇妙之旅》

☆ **学习领域：** 语文　综合活动

☆ **活动过程：**

一、与书相识

1. 阅读前言，各自翻阅预览全书。

2. 和书的各个部分一一相见：封面、封底、书脊、护封、前后勒口、前后环衬、扉页、目录页、序言页、正文。

3. 书的各个部分隐藏了很多和这本书有关的信息，读一读，看谁信息收集得多。

4. 在孩子交流发现过程中，适时补充各个部分的作用。

5. 关注出版社和图书奖项。引导孩子关注经常阅读的书籍出自哪些出版社，发现不同出版社的风格和侧重点以及本书荣获的纽伯瑞金奖，并普及中外知名童书奖项。

1. 阅读封面，记录发现和感受。（完成"阅读记录单一"中的"阅读书前"一栏）

阅读记录单一

我发现特别之处	阅读书前	阅读书后
书名		
封面构图		
故事内容预言		

2. 寻找志同道合的伙伴充实你的阅读记录单。

3. 张贴记录单，互相浏览，给好发现、好预言点赞。

4. 活动后阅读《爱德华的奇妙之旅》。

'同一本书'共读创意教案设计（二）

三、设计情节浏览图

1．分享——我这样读一本书。

分享阅读生活，获得更多休闲阅读的方式。

师生交流，课外时间阅读《爱德华的奇妙之旅》。（提示：阅读时间、地点、姿态、心情、与家人讨论等等。）

2．寻找——发现——设计故事情节浏览图。

（1）依据故事情节发展，请写下爱德华每个旅程的地点和人物；在每个地点里选择印象深刻的事物。

（2）通过交流，甄选出推动情节发展的人物和事物。（例如在埃及街大房子里，甄选出阿比林和佩勒格里娜；流浪日子里的标志事物可以是火堆等等。）

3．邀请你的好伙伴，用简单的文字和图形符号一起为《爱德华的奇妙之旅》绘制一张别出心裁的情节发展图。也许它是海盗藏宝图式样，也许是树形图式样，也许你有更独特的创意。

4．用绘制的情节概念图简单复述故事。其他孩子倾听，提问，建议。

5．完成"阅读记录单二"。

阅读记录单二

《爱德华的奇妙之旅》情节浏览图	
图形符号说明	正稿

阅读加油站：生活中很多事情都可以用有趣的方法去做，阅读是丰富、愉悦自己的方式，不妨融入游戏的精神，创意多多，乐趣多多。

103

☆ **活动目标：**

1. 懂得珍惜拥有的幸福，学习用感恩的心接纳生活的变化。

2. 交流阅读故事的体验，吸收接纳不同的思考角度，让学生愿意打开心扉，参与讨论。

☆ **活动时间：** 40分钟（1课时）

☆ **活动准备：** 阅读《爱德华的奇妙之旅》

☆ **学习领域：** 语文　人文　综合领域

☆ **活动过程：**

一、爱德华的不幸与幸运

1. 有人感叹，爱德华太不幸了，命运将它一次次摔入谷底；有人却说，这是一趟非凡的英雄之旅。先选一个情节，全员交流，引导孩子多角度深入思考。（例如：生活优渥是幸运，同时爱德华自命不凡地禁锢在自己的小世界里，不懂爱与被爱是不幸，等等。）

2. 阅读的奇妙之处在于同一本书每一个人都能读出独属于自己的看法。大胆说出你的主张，和好伙伴一起完成"阅读记录单三"。

阅读记录单三

我的主张		
相关情节	我认为：	我认为：
埃及街的生活		
爱德华落海了		
……		

3. 小组讨论选出代表，作"我的主张"小演讲。

1. 延伸交流：你曾经"失去"过吗？现在回想，怎么看待当时的"失去"？

2. 请孩子讲述小故事"塞翁失马，焉知祸福"，理解幸运与不幸并没有绝对，生活的面目常取决于我们的态度和心境。我们的心应该向着爱和善意敞开。

3. 分享同样温柔而坚强的力量——《幸福蒲公英》主题曲。

附歌词：

蒲公英

（电视剧《幸福蒲公英》主题曲）

看着世界下雨

替我擦干泪滴

因为爱 是一种互相吸引

感谢扑朔迷离

才让我看懂勇气

逆风前进 我都静静守着你

经过挫折的担心

才有期待的剧情

只要我们用力相信

跨过悲欢后的黎明

要做勇敢的蒲公英

随风飘向哪里

就算曲折 我们 依然不放弃

要更爱你的决定

抬头看天空的星星 明亮而坚定

幸福就会在我们 经历了困境

深爱不离不弃

阅读加油站 一本好的儿童文学总是带给我们问题，启发我们思考，通常没有答案，因为生活本就复杂，不断发展。这正是阅读的奇妙之处，同一本书每一个人都能读出独属于自己的看法。

三、一起回家吧——寻找故事的结尾

1. 朗读故事的结尾。

2. 分享阅读的体验。

3. 儿童文学知识补给站。

（1）列出阅读过的"在家——离家——冒险——回家"模式的故事。提示：《纳尼亚传奇》《木偶奇遇记》等。

（2）分享阅读经验，了解儿童文学中"家"的意义。

四、一起回家吧——发现故事图画版结尾：封面

1. 寻找故事的另一个结尾——封面。

2. 图画是有声有色的文字。一本好书，封面、封底、插图都隐含着作者缜密的心思，是作者不明说的秘密，是留给读者的一份惊喜。翻开"阅读记录单一"，和你的好伙伴再细细看图，从色彩、兔子姿态、构图中，你能解开哪些秘密呢？在第一次活动记录里已经发现的，用彩色线条画出来，新发现的秘密写在方框里。

3. 孩子们讨论，完成记录单并张贴。

4. 阅读别人的记录单，在你欣赏的发现后面点赞。

5. 封面的秘密——阅读期待。作者让故事回到封面，也许是一份期望，希望我们能够一读再读这个温暖又坚强的故事，学会珍惜被爱，学会去爱。

西游记

★ **设计者**：邓云东　陈青莲　福建省三明市清流县城关中学

★ **适用年级**：七～九年级

★ **教学时间**：40 分钟（1 课时）

★ **教学准备**：精彩西游故事准备　学生分组
　　　　　　　阅读《西游记》

★ **学习领域**：阅读　语文　生活　综合活动

★ **教学目标**：

1. 知识能力

（1）了解场景选取与名著之间的内在关联。

（2）结合作品故事情节，理解和评价主要人物形象。

（3）认识作品的现实意义。

2. 过程与方法

（1）思路：我来拍——我来演——我来说。

（2）方法：说、看、读、演、写能力结合。

3. 情感态度价值观

（1）激发学生广泛阅读名著的兴趣。

（2）熏陶情感，鼓舞精神。

★ **内容简介**：

　　本书讲述了唐僧一行西行取经的故事。

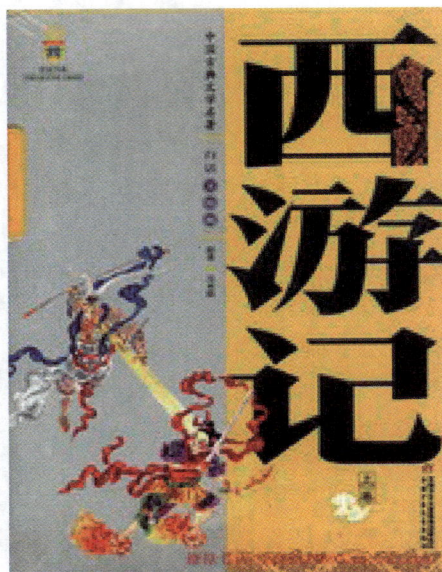

教学内容

一、我来拍西游

1. 你知道我国享誉世界的四大名著吗？其中看过哪些名著改编的电视剧？有谁能唱一唱主题曲？

2. 唱得好。大家都爱看电视，电视之所以吸引人，是因为导演导得好。今天，我们来阅读西游，也当一回导演好吗？

3. 如果我们来当导演，首先要选拍摄地，而后选演员，那拍摄地该怎么选呢？

（1）出示幻灯片——黄山飞来峰

提问：你去过此地吗？此地适合拍《西游记》中哪个场景？这是哪里？

（2）出示幻灯片

出示文本，让学生找关键词，此景在哪里拍合适呢？

切换新疆吐鲁番火焰山图片，并指出这就是当年"三调芭蕉扇"的拍摄地。

（3）出示幻灯片

出示文本，学生思考：选哪里合适？福州或当地有没有适合拍摄此景的场地？

学生先读后说，再出示福州鼓山的图片。

二、我来演西游

1. 同学们，选好拍摄地，该选演员了，怎么才能演得像呢？重要的是演好人物的性格。《西游记》中四个关键人物有怎样的性格呢？今天我们一起来思考探讨。

2. 个人——小组——推荐

书中四个主要人物有何性格特点？这些性格特点是从文中哪些情节中表现出来的？

3. 学生讨论、交流。

4. 你读一本《西游记》要花多长时间？你知道吗，著名导演王扶林在拍《红楼梦》时埋头苦读了一年多，对书中每个人物的性格特征有了准确定位之后，方才选演员拍摄。

三、我来说西游

经典浸润人生，故事启迪心智。《西游记》给了我们哪些有益的人生启示呢？下面不妨让我们做个大胆的假设。

1. 问：同学们，在西游取经团队中，你认为谁可以单独前往呢？

2. 追问：西天取经，假如只要三个人去，你认为谁不用去？

孙悟空

草房子

★设计者：周其星　广东省深圳市实验学校小学部

★适用年级：四～六年级
★教学时间：200分钟（5课时）
★教学准备：多媒体等
★学习领域：语文　人文

★教学目标：

1. 从新书导读开始，能逐步进入小说世界，初读以后对作品有初步印象。

2. 通过复读品析人物，学会品味并分析《草房子》的人物形象。

3. 会吟诵童谣，品味童谣，并进一步品味《草房子》的语言魅力。

4. 能走进曹文轩用更多作品构成的纯美世界，体会曹文轩作品之美。

★内容简介：

　　故事发生在油麻地，通过对主人公男孩桑桑刻骨铭心而又终身难忘的六年小学生活的描写，讲述了五个孩子——桑桑、秃鹤、杜小康、细马、纸月和油麻地的老师蒋一轮、白雀关系的纠缠以及孩子们苦痛的成长历程。

　　六年中，桑桑亲眼目睹或直接参与了一连串看似寻常但又催人泪下、感动人心的故事：少男少女之间毫无瑕疵的纯情，不幸少年与厄运相拼时的悲怆与优雅，垂暮老人在最后一瞬间所闪耀的人格光彩，在体验死亡中对生命深切而优美的领悟，大人们之间扑朔迷离又充满诗情画意的情感纠葛……

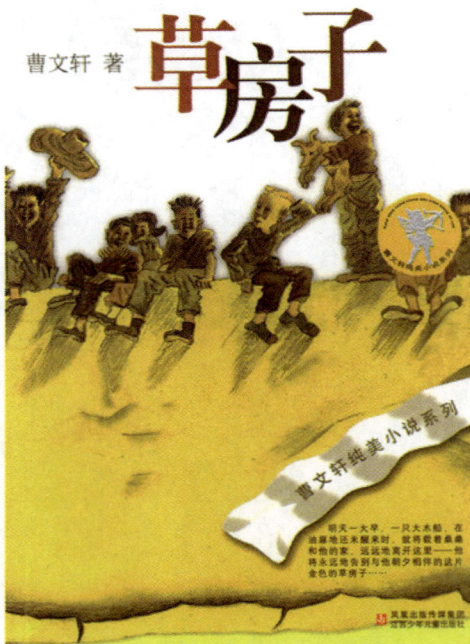

学习活动一：初读《草房子》

一、走进《草房子》

那是一片淳朴的土地，有着大片大片的艾草，有着大片大片的芦荡，也有着一群善良而淳朴的人们……曹文轩不急不缓，细细讲述着这片淳朴的土地上的这群淳朴如土地的人们，讲述着这里的孩子，描绘着这里的天空，还有这里的艾草和芦荡。

这是曹文轩老师的纯美小说留给读者的印象，这次，我们选择其中的一部经典，一部已经为众人所熟知的小说，一部被印刷过 100 次的小说，循着曹老师的娓娓讲述，去行走在这片美丽而苦难的土地上，去感受这片土地上人们的善良与淳朴。

★ 让我们一起走进《草房子》！

二、读目录，选择自己喜欢的章节阅读

1. 展示目录

> 第一章 秃鹤
> 第二章 纸月
> 第三章 白雀（一）
> 第四章 艾地
> 第五章 红门（一）
> 第六章 细马
> 第七章 白雀（二）
> 第八章 红门（二）
> 第九章 药寮

2. 教师简单介绍每章内容，学生自由选择进入自己喜欢的章节进行阅读。

3. 课堂留置较长的一段时间，用来让孩子静心默读，持续阅读整本书。

三、作业布置

选择书中一处难忘的情节，一个难忘的人物，反复读几遍，做些研究，准备下节课交流。

学习活动二：再品《草房子》

一、锁定感觉

很难用一两句话说清《草房子》写了什么，先来找找感觉吧。你认为草房子里装的是什么？用一两个词概括一下。

写在纸上再交流。

二、交流暗语

读过同一本书的人，总会拥有共同的语言密码，这些密码有时候就成为一种暗语，这些暗语只有读过这本书的人才能懂得。

这是一件很有趣的事，我们来试试吧。

★ **你知道这讲的是谁吗？**

暗语001："她被白鸽的突然起飞与那么强烈的翅响惊得紧紧搂住外婆的胳膊，靠在外婆的身上，微微缩着脖子，还半眯着眼睛，生怕鸽子的翅膀会打着她似的。"（初见纸月　P30）

暗语002："没有穿鞋，两只光脚脏兮兮的；裤子被胯骨勉强地挂住，一只裤管耷拉在脚面，而另一只裤管却卷到了膝盖以上；褂子因与人打架，缺了纽扣，而两只小口袋，有一只也被人撕得只有一点点连着。"（桑桑　P31）

暗语003："他以他特有的方式，报复了他人对他的轻慢与侮辱。"（秃鹤　P19）

暗语004："上身穿着袖口大大的紫红色褂子，下身穿着裤管微微短了一点的蓝布裤子，背着一只墨绿色的绣了一朵红莲花的书包，正怯生生地看着大家。"（再见纸月　P36）

暗语005："走一座木桥时，走了三分之二，掉到了河里，但并不朝只剩下三分之一距离的对岸游去，而是掉转头，重新游回岸这边。他不信就走不过这座桥！"（偏执的白三　P87）

暗语006："像一捆长长的铺盖卷在滚动。她滚动得十分投入，有几次滚出苗圃了，她就慢慢地调整好，直到放正了身子，再继续滚动下去。她闭着眼睛从东滚到西，又从西滚到东，一边滚，一边在嘴里叽叽咕咕……"（秦大奶奶　P105）

暗语007："个头长得高，比其他同龄的孩子高出一头多，但并不胖，脸色红润，很健康，是一个女孩子的脸色。往油麻地孩子群里一站，就能很清楚地与油麻地的孩子们区别开来，像一簸箕黑芝麻中的一粒富有光泽的白芝麻。"（杜小康　P130）

暗语008："他吭哧了半天，把书捧起来，突然用很大的声音开始朗读。他的口音，与油麻地的口音实在相差太远了，油麻地的孩子们连一句都听不懂，只剩下叽哩哇啦。他直读得额上暴出青筋，脖子上的青筋更像吹足了气一样鼓了出来，满脸通红，并且一鼻头汗珠。"（细马　P169）

书中这样的暗语有很多，鼓励学生自由选择书中片段，大声朗读出来，大家一起来猜猜。

三、品析人物

油麻地是一个小小的舞台，众多的人物纷纷展现在我们面前，讲述他们的人生故事。哪些带给你熟悉的记忆，哪些又让你很陌生？哪些让你很感动，哪些让你念念不忘？是悲是喜，都说来听听吧。

油麻地的孩子们：秃鹤，纸月，杜小康，细马，桑桑……

油麻地的大人们：白雀，蒋老师，桑校长，秦大奶奶……

四、人物聚焦

曹文轩的人物形象，最能体现他的"悲悯情怀"，他关注的是生活在底层的大多数人。

聚焦你关注的其中一个人物，分析他（她）的前后变化，建议可从阅读者和写作者两个不同的角度来观察和思考。

以秃鹤为例：

秃鹤出场——残缺的形象充分展示——别人的恶作剧以及给他的羞辱——他强烈的报复——他渴望融进集体的表现。

这一切都是很自然地发生的。然而，结尾，也是一个具有高潮性的结尾。秃鹤一人离开了，心情复杂。在人们分享成功的时刻，他选择了逃离，但这个成功的主要功绩应该属于他。他被人们关注，又被人们冷落。当人们想起他的时候，才去寻找他。

学习活动三：品味语言之美

一、吟唱童谣

姐姐十五我十六，
妈生姐姐我煮粥。
爸爸睡在摇篮里，
没有奶吃向我哭。
记得外公娶外婆，
我在轿前放爆竹。（《草房子》P34）

一树黄梅个个青，
打雷落雨满天星，
三个和尚四方坐，
不言不语口念经。（P40）

正月梅花香又香，
二月兰花盆里装。
三月桃花红十里，
四月蔷薇靠短墙。
五月石榴红似火，
六月荷花满池塘。
七月栀子头上戴，
八月桂花满树黄。
九月菊花初开放，
十月芙蓉正上妆。

经典小说——草房子

117

十一月水仙供上案，
十二月蜡梅雪里香。（P41）

呀呀呀，呀呀呀，
脚趾缝里漏出一小丫。
没人搀，没人架，
刚一撩腿就跌了个大趴叉。
这小丫，找不到家，
抹着眼泪胡哇哇……（P52）

一颗星，挂油瓶！
油瓶漏，炒黑豆！
黑豆香，卖生姜！
生姜辣，叠宝塔！
宝塔尖，戳破天！
天哎天，地哎地，
三拜城隍和土地！
土地公公不吃荤，
两个鸭子囫囵吞！（P89）

1. 吟诵方式可以多样，可以打着拍子读，可以面对面拍手读，可以加快速度大声读，童年的乐趣就在这一拍一唱中全然出来了！

2. 诵读童谣，不仅仅是感受童谣语言的节奏感、形式感，更重要的是要思考为什么曹文轩的作品里总是充满这样的声音。（这样的童谣在曹文轩一系列的书中有很多，这是偶然吗？）这究竟意味着什么？为什么童谣只响在乡间的小路上，只响在芦苇荡中，我们在高楼林立中，再也听不到这样的绝响？你怎么理解这一现象？

二、咀嚼语言

《草房子》既是一部小说，也是一首诗篇。风车，草垛，田野；老牛，白鸽，鸭群；河流，木船，芦荡……那些细致的风景描绘，那些鲜活的人物描写，诗一样的语言像一个迷人的漩涡，将我们轻轻带进那个纯美的世界。

交流分享"草房子"片段及"浸月寺"等片段。

"田野"（P172—P173）

"细马似乎很喜欢这儿的天地。那么大那么宽广的平原。……他乐意去做很多事情：追逐一条狗，在小水塘里捉几条鱼，发现了一个黄鼠狼的洞，就用竹片往洞的深处挖……"

闭上眼睛，你能将你看到的草房子、浸月寺或田野的景象描述给大家听听吗？

这就是文学性的语言，这样的文字需要我们高声朗读，那将会别有一番趣味。因为唯有经过声音，才可以淘汰劣质的文字，能在我们唇齿间留香的，都是这些优美的语言。朗读真的是关涉到生死的，通过朗读，可以将那些二三流的作品淘汰掉，大声的朗读也可以使我们自己逐步从声音的世界进入到文字的世界里来。对曹老师作品中那些优美的景物描写的动情朗读，可以更好地领悟如《草房子》这样经典的有生命力的作品。

119

学习活动四：由此及彼

一、回摄全篇

"我的空间里到处流淌着水，《草房子》以及我的其他作品皆因水而生。"
作者曹文轩如是说，你怎么理解？

让我们看看曹文轩自己的解答吧——

"作为生命，在我理解，原本应该是水的构成。我已经习惯了这样湿润的空间。现如今，我虽然生活在都市，但那个空间却永恒地留存在了我的记忆中。每当我开始写作，我的幻觉就立即被激活：或波光粼粼，或流水淙淙，一片水光。我必须在这样的情景中写作，一旦这样的情景不再，我就成了一条岸上的鱼。水养育着我的灵魂，也养育着我的文字。《草房子》也可以说是一个关于水的故事。"

二、编织记忆

草房子里装的是沉甸甸的童年记忆，那些鲜活的人物，那些辛酸而快乐的往事，都随风逝去。每个人都有着自己的纯真童年，每个人都有自己的草房子。这是你童年的象征物。你童年的象征物是什么呢？你还回得去吗？

说说我的草房子。

三、图片再现

有人读过《草房子》以后，觉得美不胜收，意犹未尽，唯一的遗憾是没有图片，如果可以配上图片的话，读起来就更美了。

如果是你来配图，你会选择以下哪一种作画方式，为什么？

你能试着为其中一两个情节配上插图吗？

（作为作业，布置下去，下一节课展览。）

学习活动五：走近曹文轩

一、图片展览

展示自己回家创作的插图，重点在品评有没有江南水乡的感觉，跟《草房子》的基调是否吻合。

二、对话作家

你喜欢曹文轩的这部小说吗？在你阅读《草房子》的时候，还有什么困惑，什么特别的体验？你想就写作跟大作家请教点什么吗？赶快提起笔来，给曹文轩老师写封信吧，也可以直接到他博客里留言哦。（课堂简单交流，作为课外延伸作业可以继续完善。）

三、走进曹文轩的纯美世界

课堂现场展示曹老师的其他作品，鼓励孩子打开曹文轩老师的纯美小说系列，充分感受曹老师笔下江南小村的魅力和活跃其间的那么多可爱的孩子。

四、电影欣赏

欣赏电影《草房子》，试比较小说与电影的异同。有条件的可以欣赏由四川人民艺术剧院编排的情景音乐剧《草房子》，在更丰富的艺术形式里感受《草房子》的魅力。

亲爱的汉修先生

★ **设计者**：李晓红　福建省泉州市开发区实验学校

★ **适用年级**：三年级

★ **教学时间**：120分钟（3课时）

★ **教学准备**：制作人物卡片　PPT演示文稿

★ **学习领域**：语文　人文　综合活动

★ **教学目标**：

1. 通过一节课的导读，勾起学生阅读的欲望。

2. 关注细节，整合资讯，并能在阅读中运用。

3. 体会鲍雷伊不同时期的心理状况。

4. 展开想象，以给鲍雷伊写信的形式来表达自己的读后感受。

5. 讨论"一本《亲爱的汉修先生》胜过所有的作文书！"，掌握一些基本的写作方法。

6. 信息技术与课外阅读教学整合，让学生联系生活实际学着鲍雷伊回答汉修先生的问题，激发写作兴趣，培养写作习惯。

★ **内容简介**：

　　鲍雷伊写信给汉修先生，表示他喜欢汉修先生的书。但是，老师要班上的小朋友写信给作家，问几个问题，好作为读书报告。汉修先生在回信的后面，也要鲍雷伊回答问题。因为电视机坏了，鲍雷伊很无聊，加上妈妈逼迫，鲍雷伊开始不情愿地回答汉修先生的问题。可慢慢地，鲍雷伊觉得可以和汉修先生谈心，甚至接受他的建议，开始写日记。日记仍然假装是要寄给汉修先生的信，但谈的全是鲍雷伊身边发生的事，例如爸妈离婚、小狗"土匪"、午餐被偷、青少年作品集……

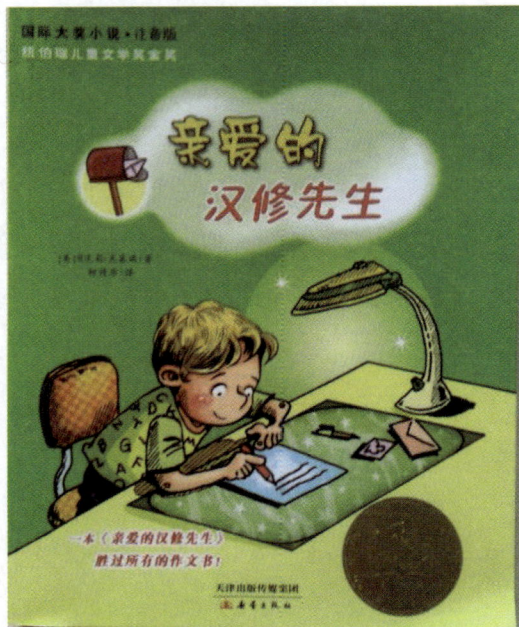

学习活动一：走近《亲爱的汉修先生》——导读课

☆ **活动目标：**

1. 通过一节课的导读，学生能对此书产生兴趣，勾起阅读的欲望。

2. 学习"关注细节""整合资讯"这两个阅读策略，并能在阅读中加以运用。

3. 能初步学会利用阅读学习单，辅助自己阅读。

☆ **活动时间：** 40分钟（1课时）

☆ **活动准备：**《亲爱的汉修先生》实体书　教学课件

☆ **学习领域：** 语文　人文　综合活动

☆ **活动过程：**

一、关注封面、目录、书评

1. 请同学们认真地观察一下封面，可以关注文字，也可以关注图画，然后大胆地猜猜看，这本书大概会写什么内容。

2. 请同学们观察小说的目录安排，找一找与别的小说的不同之处，并讨论。

> 第一章　亲爱的汉修先生（一）
> 第二章　鲍雷伊的日记（一）
> 第三章　亲爱的汉修先生（二）
> 第四章　鲍雷伊的日记（二）
> 第五章　亲爱的汉修先生（三）
> 第六章　鲍雷伊的日记（三）
> 第七章　亲爱的汉修先生（四）
> 第八章　鲍雷伊的日记（四）

3. 请同学们了解该书的书评等信息，并从书中发现其魅力所在。

（1）这是一部获国际大奖的小说；

（2）这部作品有评价如下：

123

"极佳的故事，非常深刻；很有立体感，技巧出色，确实是一部佳作。"

——《纽约时报》

"幽默的风格使这部作品更加出神入化了。"

——《学校图书馆杂志》

"这是一个男孩的成长史，无论是写作，还是生活，他都完成了华丽的转身。"

——国内一个不太知名的小学语文老师

二、感受作品——关注书信

这部作品中有 26 封书信，虽然这些书信分布在不同的章节，但如果我们把这些书信的署名都一一罗列出来，还是挺有意思的。

第一封信：您的明友鲍雷伊（男孩）敬上

第二封信：您的朋友鲍雷伊敬上

第三封信：您最棒的读者鲍雷伊敬上

第四封信：您最喜欢的读者鲍雷伊敬上

第五封信：学生鲍雷伊敬上

第六封信：您的头号书迷鲍雷伊敬上

第七封信：学生鲍雷伊敬上

第八封信：学生鲍雷伊敬上

这是其中的前八封，看出点儿什么来了？

第九封信：讨厌您的鲍雷伊

第十封信：鲍雷伊

第十一封信：筋疲力尽的读者鲍雷伊

第十二封信：您以前的朋友鲍雷伊

第十三封信：还在生气的鲍雷伊

第十四封信：筋疲力尽的读者鲍雷伊

第十五封信：鲍雷伊

第十六封信：受够您的鲍雷伊

现在，你们觉得还是崇拜吗？（学生讨论）

继续往下看——

第十七封信：您的头号书迷鲍雷伊敬上

第十八封信：学生鲍雷伊敬上

第十九封信：疑惑的读者鲍雷伊敬上

第二十封信：感激您的朋友鲍雷伊敬上

第二十一封信：您的头号书迷鲍雷伊敬上

第二十二封信：学生鲍雷伊敬上

第二十三封信：您的好朋友鲍雷伊一世敬上

第二十四封信：满怀期望的鲍雷伊敬上

第二十五封信：感激您的朋友鲍雷伊敬上

第二十六封信：您的朋友、作家鲍雷伊敬上

那么现在呢？（学生再次讨论）

请同学们看看其中的两封信，完成阅读学习单一"你认为鲍雷伊是个怎样的孩子"，想到几个就填几个，不需要全部填满。

学生交流。

鲍雷伊在他的第一篇日记中，这样写道——

鲍雷伊的日记

"我写到一半的时候，突然想到一个绝妙的主意：假如我把午餐放在大人用的那种黑色午餐盒里，加上几个电池，说不定真的可以做出一个防盗警报器。"

◆ 做一个防盗报警器，这真是个不错的主意。结果会如何呢？（老师朗读P78，只读到P78）结局同学们自己去看。

同学们在阅读的过程中，对同一个事件的信息可以进行整合，这是一个重要的阅读策略。利用"整合信息"这个阅读策略布置一项课后作业，请同学们在阅读的时候，记得摘录书中提到的"写书的秘诀"或者是"写作的秘诀"，然后完成阅读学习单二，兴许同学们也会悟得写好作文的方法。

同学们可以模仿鲍雷伊的口吻，把读后的感受和心得用书信寄给"我"。"我"的通讯地址是："XXXXXX。"

学习活动二：走进《亲爱的汉修先生》——分享课

☆ **活动目标：**

1. 通过读书会，让学生享受阅读乐趣，培养阅读兴趣，养成阅读习惯。

2. 感受鲍雷伊的成长经历，体会他不同时期的心理状况。

3. 展开想象，以给鲍雷伊写信的形式来表达自己读后的感受。

☆ **活动时间：** 40分钟（1课时）

☆ **活动准备：** 阅读《亲爱的汉修先生》实体书　分组分类制作人物卡片　教学课件

☆ **学习领域：** 语文　人文　综合活动

☆ **活动过程：**

一、谈话导入，明确任务

1. 这一阶段同学们都在读一本书——《亲爱的汉修先生》，今天我们就来交流一下读后的感受。交流的形式跟以往上课有所不同，是以小组竞赛的形式进行的，同学分成六个小组，在读书活动中，同学们要过四关，每一关中哪个小组的同学发言最积极，想法最独特，表达最有创意，合作最默契，就给他颁发读书之星。四关过后，哪个小组的读书之星最多，哪个小队就是"读书明星队"。

2. 每个小组各推荐一名队长、副队长（播放音乐）。

二、读书大过关

第一关：人物大盘点——交流出现在本书里的主要人物，提炼以鲍雷伊一家为主的人物。

【提前布置任务：分组制作人物明信片。第一组：鲍雷伊、小狗"土匪"；第二组：爸爸比尔、妈妈邦尼；第三组：两位作家；第四组：学校里的人；第五组：跟爸爸有关的人；第六组：跟妈妈有关的人。】

1. 提前请同学们以人物头像加一两句简单介绍的形式分组制作人物简介卡，请各组组长交流各组的成果。交流的形式可以直接介绍，也可以先不说人名，不出

127

现图片，说说他的主要特征，让同学们来猜一猜。

2. 各组展示人物简介卡。

3. 引导同学们在平时的读书过程中及时梳理书中的主要人物，提炼与他们相关的信息，帮助同学们快速地进入故事。

第二关：主角品味站——交流书中主人公鲍雷伊的特点。

1. 在这么多的人物中主人公是谁呢？同学们读出了一个怎样的鲍雷伊呢？请同学们先在小组内讨论，请副队长做好简单的记录，然后进行交流。记住：交流的时候，要有理有据地说，先要说什么印象，然后要用书中的事例来证明。

预设：

特点一：很主动

读二年级写的那封信，从这封信中，同学们能看出鲍雷伊与我们有什么不同？二年级就写信给作家了，同学们读书的时候主动给作家写过信吗？比如大家读过金波、曹文轩、杨红樱等作家的书，同学们主动给他们写过信吗？

特点二：爱动脑

为了午餐而发明报警器。

特点三：挺认真

先准备写《午餐窃贼追捕秘诀》，为什么这篇文章不能写？

接着想写《十尺蜡人》，是谁让他放弃这篇文章的？

接着决定写诗，只写了几个字，就写不下去了！

去蝴蝶树林，想写一篇散文，决定不写诗了。

再后来又想写《午餐袋之谜》，因为不知道小偷是谁，不能写。

最后写了《卡车上的一天》。

特点四：说真话

喜欢就写喜欢，不喜欢就写不喜欢，高兴就是高兴，不开心就是不开心。

请同学们一起看看第一章20封信的署名，你就可以看出什么是真情实感。（展示）

特点五：爱读书

鲍雷伊家境不好，没有多少钱，房子还是租的，但他还是比较喜欢读书。请同学们说说本书中都介绍了他读过哪些书。

（《狗儿快乐秘诀》《麋鹿吐司面包》《乞丐熊》）

特点六：勤奋

请同学们再看一张表（展示）：

鲍雷伊二至六年级的作文统计

年级	二年级	三年级	四年级	五年级	六年级
篇数	1	1	2	2	56

特点七：善于宽容别人

对于父母的离异由不理解到理解。

对丢午餐的事件，由起初的怨恨到想办法抓住小偷，再到最后对小偷的宽容。（我只是觉得，很庆幸我不知道那个小偷是谁，因为我还得跟他在同一所学校上学。）

2. 师小结。

第三关：情节大放送——交流书中最难忘的情节。

1. 各小队挑选其中的一个情节，采用各自喜欢的形式，可以是分角色朗读、合作表演、讲故事等，先自由准备，然后进行展示。

2. 学生进行交流。

3. 表演后，请学生进行评价，颁发读书之星。

4. 针对各组的表现及时进行评价。

5. 师小结。

1. 交流至此，书中的鲍雷伊已经离我们不再遥远，他仿佛就是我们的一员，是那么真实而又可爱。你是否愿意和鲍雷伊做好朋友呢？那我们也来学着鲍雷伊的样子，写一写自己的心里话。你可以写写对他的认识，也可以像鲍雷伊回答汉修先生提出的问题——"你是谁？"一样来介绍一下自己。

2. 学生说真心话。

亲爱的鲍雷伊：

　　你好！

　　　　　　　　　　　　　　　　　　　　　你的朋友

　　　　　　　　　　　　　　　　　年　　月　　日

3. 根据学生的书信进行及时评价。

4. 总结并宣布"读书明星队"获得小组。

三、做好读书人

1.【出示繁体字：讀書】，请同学们说说这两个字的念法，并谈谈自己对这两个字的理解。

"言"字是说"读"需要"说"，要动口。"贝"是"钱"，有"钱"可以买更多的书来读。"四"字表示人的"眼睛"，读书不用眼睛怎么读？整个"读"字，古人造字时就说"读一定要见字知意"，也就是说我们读到的东西，一定要知道是什么意思。动口说，多买书，多读书，理解了，你就成为一个"士"了，一个有本领、有能力的人了！

"书"字的上面是个"聿"，读yù，就是"笔"的繁体字下半部分，表示"笔"的意思，"笔"是用来写字的。下面的"日"，就是用笔写自己的每一天。

2. 总结：《亲爱的汉修先生》中鲍雷伊真正践行了这两个字。请同学相信自己一定也能使用好这两个字，做一个真正的读书人。

四、作业布置

好书推荐：《山羊不吃天堂草》（曹文轩）、《我要做好孩子》（黄蓓佳）、《少年小树之歌》（卡特）

学习活动三：借鉴《亲爱的汉修先生》学写作

☆ **活动目标：**

1. 了解学生前期阅读此书的读书情况，总结方法。

2. 讨论"一本《亲爱的汉修先生》胜过所有的作文书！"这句话，掌握一些基本的写作方法。

3. 信息技术与课外阅读教学整合，让学生联系生活实际学着鲍雷伊回答汉修先生的问题，激发写作兴趣，培养写作习惯。

☆ **活动时间：** 40分钟（1课时）

☆ **活动准备：** 阅读《亲爱的汉修先生》实体书　教学课件

☆ **学习领域：** 语文　人文　综合活动

☆ **活动过程：**

一、谈话导入，明确任务

二、激起思维争辩

1. 导入：我在读这本书的封面和封底时，发现上面有对书的推荐和评价，最吸引我眼球的是这句话："一本《亲爱的汉修先生》胜过所有的作文书！"这本书真的有这么神奇吗？是不是太夸张了？一本书能胜过所有的作文书，我有些怀疑，你们呢？

2. 这本《亲爱的汉修先生》胜过作文书，那它比作文书好在哪里呢？下面请同学们以小组为单位进行讨论，结合书中的内容来说说《亲爱的汉修先生》胜过作文书的理由，并完成讨论卡。

3. 学生小组讨论，填写卡片。

4. 以小组为单位进行交流，其他小组成员可以进行补充。

5. 小结：《亲爱的汉修先生》在写作方面给予了我们很多的启示，我们一起来看看。

三、寻觅写作秘诀

1. 片段一：

汉修先生建议鲍雷伊养成写日记的习惯。可是鲍雷伊第一次写日记时就遇到了困难。同学们自由读鲍雷伊这两封信（P27—28），动笔找找鲍雷伊的困难是什么，汉修先生又是怎样指导他的。

2. 学生交流：

①当鲍雷伊第一次写日记时遇到了什么困难？

②汉修先生是怎样指导他的呢？

③你们平时写日记时遇到过什么困难呢？

（不知道怎么写开头、写得不精彩、像记流水账一样、写得不真实、瞎编的）

3. 片段二：

导入：同学们，鲍雷伊在写日记时也遇到了你们这样的困难，汉修先生给了他十个问题，并建议鲍雷伊回答这些问题。（出示问题）你们看，这就是汉修先生出的十个问题，开火车来读读这些问题。第一个……第十个……

（你有什么开心的事？你有什么难忘的事？你最喜欢的小动物是什么？）

①你是谁？

②你长什么样？

③你的家庭是什么样子？

④你住在哪里？

⑤你有宠物吗？

⑥你喜欢上学吗？

⑦谁是你的朋友？

⑧你最喜欢的老师是谁？

⑨你有什么烦恼？

⑩你有什么愿望吗？

133

4. 同学们，读着这些问题，你发现了什么呢？学生交流。

5. 小结：对，这些问题都是生活中的小事情。其实生活中一些细小的事情就可以写成日记，鲍雷伊很自然很顺畅地回答了这十个问题，就写成了几封信。所以我们在不知道写什么内容时，只要想想生活中的事情，就有话可写了。（板书：写生活中的事）

6. 片段三：

与生活密切相关的事情我们都可以把它写下来。鲍雷伊就把自己生活中的烦恼写成了一封信，下面请三个同学来读读这一封信。（P21—22）

7. 学生交流。（午餐被偷的烦恼，每天早晨不能早到校的烦恼，爸爸不打电话的烦恼。）

鲍雷伊为了不早到校，在路上走得很慢。他是怎么写的？你为了走慢一点有和鲍雷伊一样的经历吗？

谁来演一演鲍雷伊走路的动作呢？请一个人来演，一个人来读这段话。

学生评价。

同学们，读了鲍雷伊写的烦恼后你体会到了什么？

8. 同学们，读了鲍雷伊写的这几封信后，我们再来读读这句话："一本《亲爱的汉修先生》胜过所有的作文书！"此时你又是怎么看待这句话的？

学生交流。

9. 总结：《亲爱的汉修先生》这本书很特别，它以书信和日记的方式记叙了鲍雷伊的成长经历。它与作文书不同的是，通过一个个故事来和我们讲怎样写作文。

作家汉修先生教给鲍雷伊一些写作的方法，如建议鲍雷伊养成写日记的习惯，不会写日记时可以假装给某个人写信，可以写生活中的事，要写出真情实感。还有一些方法隐藏在鲍雷伊的书信与日记中，如汉修先生建议鲍雷伊多阅读课外书，要写出自己的东西，不要太像别人，不能写虚构的东西。这些阅读和习作的方法对鲍雷伊的帮助可大了，怪不得封面上这样说：一本《亲爱的汉修先生》胜过所有的作文书！

四、课外拓展练笔

请同学们也学着鲍雷伊那样给自己的朋友写一封信，从下面两个问题中任选一个来回答，要像鲍雷伊那样联系自己的生活写出真实的文章。（同学们从中选两个问题回答，在读书卡上写下来。）

1. 谁是你的朋友？
2. 你有什么烦恼？

『同一本书』共读创意教案设计（二）

_____年级_____班　　姓名_____

☆　你觉得鲍雷伊是一个怎样的孩子？为什么？

136

阅读学习单二

_____年级_____班　姓名_____

☆如果写封信和你喜欢的作家交流，请列举出三个最想和他交流的问题。

问题1 _____

问题2 _____

问题3 _____

鲍雷伊起初并不是个喜欢写作的孩子，像你们一样由刚开始写得不具体，甚至还有错别字，到后来能写得如此具体生动优美，这要感谢亲爱的汉修先生，他教给了鲍雷伊很多阅读和习作的方法，但都隐含在鲍雷伊的书信与日记中，你能找得到吗？你觉得哪些方法对你提高作文水平有帮助？

小王子

★**设计者：**薛群宏　福建省漳州市长泰一中

★**适用年级：**七年级

★**教学时间：**40 分钟（1 课时）

★**教学准备：**阅读《小王子》

★**学习领域：**语文　阅读

★**教学目标：**

1. 通过学习，使学生了解《小王子》的作者圣埃克苏佩里的生平、代表作品，了解这本书的写作背景。

2. 观察封面，听老师讲述简要的故事情节，了解《小王子》这本书的人物、大致内容，激发学生的阅读兴趣。

3. 通过诵读《小王子》中的经典语句，激发学生的阅读欲望，培养学生的感悟能力、表达能力，提高学生的审美情趣。

★**内容简介：**

　　小说叙述者是个飞行员，他在故事一开始告诉读者，他在大人世界找不到一个说话投机的人，因为大人都太讲实际了。

　　接着，飞行员讲了六年前，他因飞机故障迫降在撒哈拉沙漠遇见小王子的故事，神秘的小王子来自另一个星球，飞行员讲了小王子和他的玫瑰的故事。

　　飞行员和小王子在沙漠中拥有过一段极为珍贵的友谊。当小王子离开地球时，飞行员非常悲伤，他一直非常怀念他们共度的时光。他为纪念小王子写了这部小说。

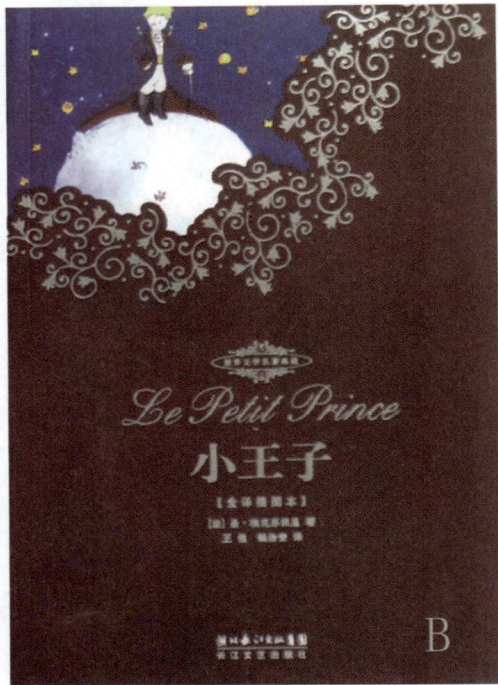

教学内容

一、阅读名言，走进作品

  1．出示："用心去看才看得清楚。本质的东西，眼睛是看不见的。"

  2．反复诵读句子，谈谈自己的理解。

  3．老师向同学们推荐世界闻名的著作——《小王子》。（板书课题）

二、师生交流，走近作者

  1．《小王子》是20世纪流传最广的童话，被译成100多种语言，电影、唱片，甚至纸币上都可以看到本书的影子。这本童话人人都喜欢，小孩喜欢，大人也喜欢。让我们一起记住创作《小王子》的了不起的作者——圣埃克苏佩里。（板书）

  2．请同学们简要地介绍这位伟大的作家。

  3．教师总结作者简介。

三、阅读封面，走进人物

1. 小王子不是真的王子，而是一个神秘可爱的小孩，小王子住在被称作 B-612 的小星球，是那个小星球唯一的居民。瞧，这就是他生活的全部。（出示书本封面）谁能看着封面介绍他的生活？

2. 自由介绍。

3. 我们轻轻地翻开书，作者在扉页上写了《献给列翁·维尔特》的前言，读一读，思考：作者为什么要把这本书献给列翁·维尔特？

4. 让我们大胆推测一下：这是一本描写友情的书，所以老师建议你和好朋友一起阅读。和你的好朋友一起，翻翻整本书，一共 27 章节，里面有许多美丽的插图，你知道他画的是什么吗？欣赏完插图看看文字，看看你是不是和小王子心有灵犀，是不是能走进小王子的世界。

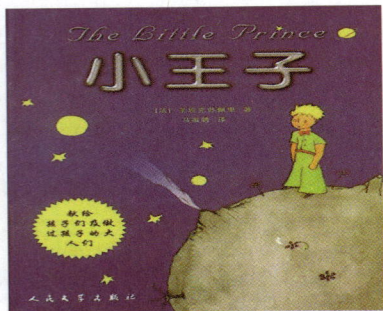

四、了解情节，浏览全书

1. 教师简介故事情节。

2. 学生根据简介，说说故事中的人物。

3. 读 11—16 章节

（1）有人说，《小王子》其实是一部旅行日记，记录了小王子参观星球后的感受。小王子访问了六个星球，认识了形形色色、奇奇怪怪的人，让我们一起跟随着小王子的旅行脚步，走进神秘的太空。

（2）阅读书中 11—16 章节，完成表格。

星球	人物	性格特点	人物评价
325 号星球			
326 号星球			
327 号星球			
328 号星球			
329 号星球			
330 号星球			

（3）在这六个人中，你觉得哪个人物最好笑，为什么？

（4）你觉得你的性格特点，最像六个人中的谁？说明理由。

（5）你的同伴身上有这些人的影子吗？

七彩童话

就像灵魂附着在血肉之中，
幻想依附着夸张来呈现。
在童话中，
只有当夸张出现在最能表现幻想的时候，
它才具有最大的存在价值。

长袜子皮皮

★**设计者**：陈心琳　福建省福州市亚峰中心小学

★**适用年级**：三～四年级

★**教学时间**：80分钟（2课时）

★**教学准备**：1. 布置学生阅读《长袜子皮皮》，
了解作者及其代表作品。

2. 制作 ppt 课件。

3. 派已阅读这本书的代表上台谈论感受。

★**学习领域**：语文　故事

★**教学目标**：

1. 通过阅读书籍，了解故事的大概内容，整体感知人物形象。

2. 学会课外阅读的常用方法，并能运用在以后的课外阅读中。

3. 培养精读文本的习惯，体会书中人物所表达的感情，养成边读边及时做好笔记的习惯，对书中人物能够有自己的独特见解。

4. 通过交流阅读成果，激发学生阅读课外书的浓厚兴趣。

★**内容简介**：

　　主人公皮皮是个奇怪而有趣的小姑娘。她满头红发，小辫子翘向两边，脸上布满雀斑，大嘴巴，牙齿整齐洁白。她力大无比，能轻而易举地把一匹马、一头牛举过头顶，能制伏身强力壮的小偷和强盗，还降服了倔强的公牛和食人的大鲨鱼。她有取之不尽的金币，常用它们买糖果和玩具分送给孩子们。她喜欢开玩笑，喜欢冒险，很淘气，常常想出许许多多奇妙的鬼主意，创造一个又一个奇迹……

教学内容

一、皮皮诞生记

同学们，在你们心目中，女孩子应该是什么样子的？一起来说一说吧！

145

1941 年，女作家林格伦七岁的女儿卡琳因肺炎住在医院，她守在床边。女儿每天晚上请妈妈讲故事。有一天她实在不知道讲什么好了，就问女儿："我讲什么好呢？"女儿顺口回答："讲长袜子皮皮。"女儿在这一瞬间想出了这个名字。她没有追问女儿谁是长袜子皮皮，而是按照这个奇怪的名字讲了一个奇怪的小女孩的故事。

这位小女孩奇怪在哪里呢？

从外表上，我发现她奇怪在：

从性格上，我猜测她奇怪在：

二、最想和皮皮一起做的事情

"我不开玩笑，"皮皮说着把霹雳火卡尔松举得半天高，放在柜顶。转眼之间，布洛姆也坐在那里了。两个流浪汉吓掉了魂，这才明白皮皮不完全是个普通小姑娘。可他们一个劲只想把手提箱弄到手，连害怕也忘记了。

"咱们一起动手，布洛姆！"霹雳火卡尔松大吼一声，两人同时从柜顶跳下来，直奔手里拿着手提箱的皮皮。可是皮皮用两手食指把他们一人一顶，他们就啪啪两声，重重摔了个屁股蹲，分别坐到两个墙角里去了。他们还没来得及站起身子，皮皮已经拿出绳子，说时迟那时快，把两个贼的手脚捆了个结实。现在他们说话的口气变了。

一点不错，他们正是累了饿了，只是不敢说。皮皮从柜里拿出面包、干酪、牛油、火腿、冷牛肉和牛奶，接着他们，布洛姆、霹雳火卡尔松和皮皮，围坐在厨房桌子旁边，一直吃到肚子鼓起来为止。

我会填

1. 两个流浪汉各叫什么名字？ _____

2. 皮皮是怎样教训两个流浪汉的？ _____

_____

_____

3. 皮皮捉住了两个小偷，为什么又放了他们，临走还给他们一人一个金币？

_____

_____

_____

我们都来讲故事

故事章节：_____

故事内容简介：_____

_____

你想提的一个问题：_____

_____

_____

你想对皮皮说的话：_____

_____

_____

_____

_____

_____

_____

_____

三、和皮皮交朋友

说说知心话

同学们，我们和皮皮认识也有一段时间了，我们和她一起去上学，一起陪她过生日，一起经历了生活中许多感动有趣的事情，相信皮皮已经是你生活中不可缺少的好伙伴了。面对这样一个勇敢、善良的好朋友，你想对她说什么？你还想和她一起经历哪些有趣的事情？统统用你的文字来告诉她吧！

亲爱的皮皮，我想对你说：

亲爱的皮皮，今后我还想和你一起去：

让我成为你

皮皮的基本资料

姓名：_____

性别：_____

年龄：_____

性格特点：_____

_____

兴趣爱好：_____

_____

自我介绍

姓名：_____

性别：_____

年龄：_____

性格特点：_____

_____

兴趣爱好：_____

_____

我和皮皮的相同点：_____

_____

『同一本书』共读创意教案设计（二）

我的自画像

夏洛的网

★**设计者**：林惠　福建省福州市连江县晓沃中心小学

★**适用年级**：五年级

★**教学时间**：120分钟（3课时）

★**教学准备**：阅读《夏洛的网》

★**学习领域**：语文　人文　综合活动

★**教学目标**：

1. 回顾故事内容，赏析精彩片段。

2. 体会关于生命、友情、爱与忠诚的赞歌。

3. 通过交流，初步感知一些读书的方法。

4. 享受阅读乐趣，激发阅读热情。

★**内容简介**：

　　在朱克曼家的谷仓里，快乐地生活着一群动物，其中小猪威尔伯和蜘蛛夏洛建立了最真挚的友谊。然而，威尔伯未来的命运竟是成为熏肉火腿，看似渺小的夏洛用自己的丝在猪栏上织出了被人类视为奇迹的网上文字，彻底逆转了威尔伯的命运。但这时，蜘蛛夏洛的生命却走到了尽头……

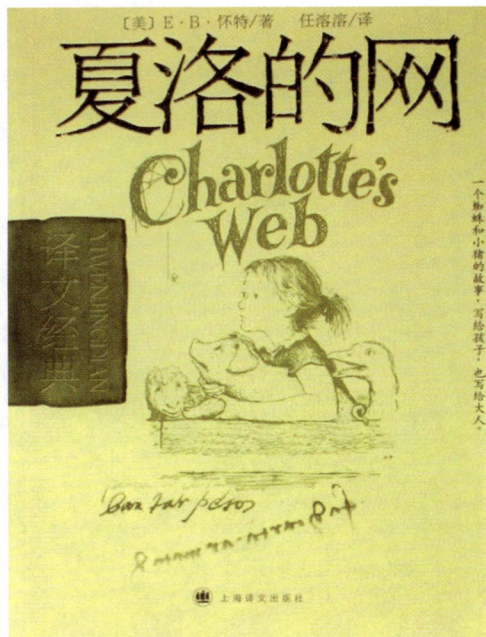

学习活动一：快乐阅读

☆ **活动目标：**

    1. 通过看封面，了解作者。

    2. 找目录，读简介，了解作品内容。

    3. 掌握略读的阅读方法。

☆ **活动时间：** 40分钟（1课时）

☆ **活动准备：** 《夏洛的网》

☆ **学习领域：** 语文

☆ **活动过程：**

一、拿到一本书，先看封面，你看到了什么或知道了什么？

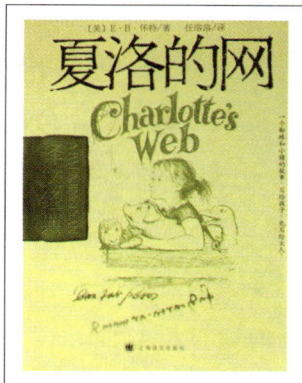

瞧，封面上有 ＿＿＿＿＿＿＿＿＿＿＿

＿＿＿＿＿＿＿＿＿＿＿＿＿＿＿＿＿＿＿

＿＿＿＿＿＿＿＿＿＿＿＿＿＿＿＿＿＿＿

＿＿＿＿＿＿＿＿＿＿＿＿＿＿＿＿＿＿＿

＿＿＿＿＿＿＿＿＿＿＿＿＿＿＿＿＿＿＿

二、了解作者怀特及其创作的作品角色。

读一本好书，首先得记住作者的名字，这也是对他劳动成果的尊重。

E·B·怀特（1899—1985）

    美国著名散文家，儿童文学作家。他一生创作了三部童话，最受欢迎的是《夏洛的网》。

153

三、我们再来看看目录。目录可以体现作者的思路，通过看目录可以了解书的大概内容。所以我们看书，还要学会读目录。

看了这本书的目录，我收获的信息有：

四、了解故事梗概。

1. 了解简介的位置。

简介对于读者来说，如同畅游书海的指南针，能带领我们更快地了解这本书。简介一般在封面内侧或第一页，有些书也有可能在封底，这本书的简介就在封底。

2. 自由地将简介读一读。

3. 小结：刚才我们通过看封面、读简介、找目录、看人物表的方法来了解信息，这是常用的一种略读的阅读方法。

学习活动二：猜猜他是谁——友情之网

☆ **活动目标：**

    1. 回忆书中人物的特点，用自己的语言来表达。

    2. 通过猜人物，激发阅读兴趣。

    3. 欣赏书中精彩片段。

    4. 畅谈生命的价值。

☆ **活动时间：** 40分钟（1课时）

☆ **活动准备：** 阅读《夏洛的网》

☆ **学习领域：** 语文　人文　综合活动

☆ **活动过程：**

一、《夏洛的网》中有哪些人物，你还记得吗？

    请看"人物表"：

人物表

约翰·阿拉布尔先生
阿拉布尔太太
艾弗里
弗恩
霍默·L·朱克曼先生
伊迪丝·朱克曼太太
勒维
多里安医生
威尔伯
夏洛
坦普尔顿

二、猜猜他是谁。

    别人让它帮忙做任何事，它都要得到回报。从来都是先想到自己。

揭示谜底：坦普尔顿

三、完成阅读学习单一，同学交流，教师点评。

四、夏洛给你留下什么样的印象？

五、夏洛到底做过什么、说过什么，让威尔伯感动一生，铭记一世？请结合阅读学习单二，谈谈你心中的夏洛的形象。

    友情提示：当我们看到优美或是感人的语段时，不妨大声诵读，这也是一种读书的好方法。

七彩童话——夏洛的网

155

学习活动三：网上文字　写评论

☆ **活动目标：**

1. 交流书中关于夏洛和威尔伯的描写，体会友情。

2. 课堂辩论，加深人物印象。

3. 赏读书评。

4. 通过阅读和交流，为《夏洛的网》写一段推荐理由。

☆ **活动时间：**40分钟（1课时）

☆ **活动准备：**阅读《夏洛的网》

☆ **学习领域：**语文　人文　综合活动

☆ **活动过程：**

一、当得知威尔伯的坏消息后，夏洛是怎么救它的？

夏洛这样说： _____

夏洛这样做： _____

二、你觉得威尔伯是怎样的一只猪？它是不是可以配得上夏洛网上的文字？开展课堂辩论，完成阅读学习单三。

三、出示书评，赏读。

这是一本关于友谊的书，更是一本关于爱和保护、冒险与奇迹、生命和死亡、信任与背叛、快乐与痛苦的书，它几乎是一本完美的、不可思议的杰作。

——《纽约时报书评》

四、你认为《夏洛的网》是一本怎样的书？写一段推荐理由吧。

五、完成阅读学习单四。

阅读学习单一：猜猜他是谁

从人物到动物，《夏洛的网》中的角色可真不少，请同学们从角色的语言、行为及自己的评价等方面编个谜面，和同学们一起玩"猜猜他是谁"的游戏吧！

印象快递：

角色名言：

趣事糗事奇怪事：

魅力评价：

人物猜猜：这是谁呢？

请叫出他的名字——（　　　）！

157

阅读学习单二：认识夏洛

同学们，阅读了《夏洛的网》，你对主人公夏洛有怎样的印象呢？让我们读读，写写，再交流。

一、用一两个词来评价夏洛，我会说："这是一只（ ）的蜘蛛。"

二、蜘蛛夏洛让威尔伯感动一生，铭记一世，那么夏洛的哪些言行给你留下了深刻印象呢？请概括地说一下。

夏洛曾说过：

夏洛曾这样做：

三、夏洛为了这份友谊，为了挽救威尔伯，让自己的生命走到了尽头，你认为值得吗？

我认为_____

_____，

因为_____

_____

_____

四、从夏洛的话中，你知道生命的价值是什么了吗？

你一直是我的朋友，这件事本身就是一件了不起的事。我为你结网，因为我喜欢你。再说，生命到底是什么啊？我们出生，我们活上一阵子，我们死去。一只蜘蛛，一生只忙着捕捉和吃苍蝇是毫无意义的，通过帮助你，也许可以提升一点我生命的价值。谁都知道人活着该做一点有意义的事。

普通蜘蛛的一生是＿＿＿＿＿＿＿＿＿＿＿＿＿＿＿＿＿＿＿＿＿＿＿＿＿＿＿＿

而夏洛则认为＿＿＿＿＿＿＿＿＿＿＿＿＿＿＿＿＿＿＿＿＿＿＿＿＿＿＿＿＿＿

你认为生命的价值是什么？

159

「同一本书」共读创意教案设计（二）

蜘蛛夏洛用一张网挽救了小猪威尔伯的性命，这是一张怎样的网呢？让我们来再现织网情景。

网上文字	用这文字的原因	结果

我认为，这是一张_____的网。

阅读学习单四：推荐阅读

　　E·B·怀特（1899—1985），美国著名散文家，儿童文学作家。他一生创作了三部童话，最受欢迎的是《夏洛的网》，除此之外，还有《精灵鼠小弟》和《吹小号的天鹅》，这三本书号称"二十世纪拥有读者最多的童话书"。

木偶奇遇记

★ **设计者：** 吕资香　福建省南平市光泽县寨里中心小学

★ **适用年级：** 三～四年级

★ **教学时间：** 40 分钟（1 课时）

★ **教学准备：** 阅读《木偶奇遇记》

★ **学习领域：** 语文　阅读　生活　综合活动

★ **教学目标：**

1. 了解故事中的人物，理清人物之间的关系，走近皮诺曹。

2. 了解本书的故事情节，感受本书的幽默风格。

3. 让学生知道做一个好孩子对于一个家的意义。

4. 教会学生制作读书卡。

★ **内容简介：**

　　《木偶奇遇记》是 19 世纪意大利作家科洛迪留给世人的经典童话故事，讲述的是一个叫皮诺曹的木偶被注入了生命力，在仙女妈妈的关爱下，如何学会诚实、勇敢、不自私，从一个任性、懒惰、不关心他人、不爱学习、整天只想着玩的木偶，变成一个懂礼貌、爱学习、关心他人的好孩子的故事。

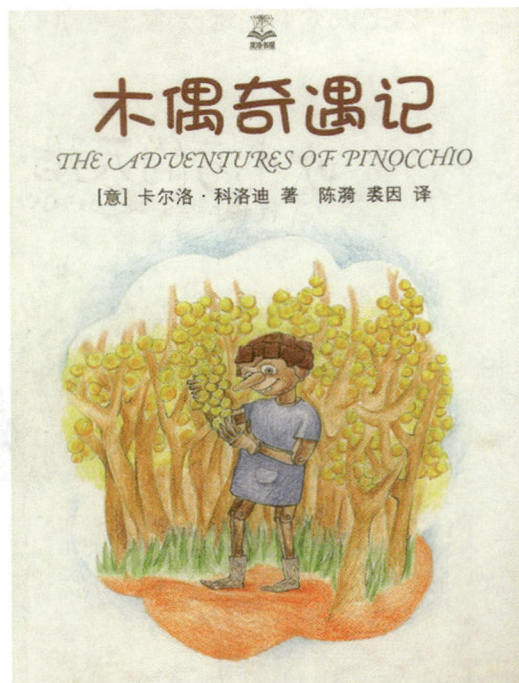

教学内容

一、揭题导入

1. 读过了《木偶奇遇记》，你觉得这是一本怎样的书？

2. 引导学生认识阅读的三重境界。

三重境界：

第一重：翻书，看封面，看作者，看故事简介，看序言，看目录等，了解书最基本的内容。

第二重：阅读，被故事情节所吸引，一口气将书读完，对书的内容有大致的了解，但缺少思考。

第三重：品书，边读边思，边读边注，读出思想，读出感受，品味语言的魅力、表达的精彩。

3. 你觉得你达到了哪一重境界？

二、分享读书成果——了解书中人物

出示课件：《木偶奇遇记》是_____（国家）_____（作者）写的一部童话故事。

主人公是_____，童话讲述了_____。

科洛迪因为写了这本书，成了享有世界声誉的作家，一举成名，但比他更有名的是这书的主人公——皮诺曹。

PPT 出示皮诺曹的图片："同学们，你们说我是一个怎样的孩子？"

学生交流，教师随机板书。

书中还有很多有趣的人物，请大家回忆一下，他们分别是谁呢？

（一）看人物特点猜人物

1．（1）他的鼻尖儿总是又红又亮，像个熟透了的樱桃，大伙叫他樱桃师傅。（樱桃师傅）

（2）一个挺精神的小老头，他的假发像用印度玉米做的黄布丁，因此他有一个外号叫"黄布丁"。他脾气很大，谁叫他外号，谁就会倒霉。（杰佩托）

（3）这个人个头很大，长相凶恶，叫人看上一眼就害怕。他的胡须像墨水一样黑，而且非常长，从下巴一直拖到地上。他的嘴像轮子一样大，两只眼睛像两个火红的灯笼。他拿着一根用蛇皮和狐狸尾巴做的鞭子，不时甩得啪啪响。（食火人）

（4）他又高又瘦，活像小油灯里点的灯芯。（小灯芯）

2．请说说他们与皮诺曹之间的关系。

（二）读人物语言猜人物

1．"看看我吧！因为我对学习愚蠢的热情，我失去了一只脚。"

"瞧瞧我吧，因为我对学习愚蠢的热情，我失去了光明。"

（狐狸和猫说得对吗？它们为什么要这么说？）

2．"我知道，我已经原谅你。你的伤心是真诚的，你有颗善良的心。一个孩子有善良的心，即使他调皮，有些坏习惯，总还是有希望的，就是说，他们还是可以有希望走上正路的。"

（读一读这句话）

三、理顺本书的故事情节

皮诺曹从一个调皮贪玩的木偶变成一个勤劳懂事的真正的男孩，他经历了许多奇特的遭遇。

PPT出示：我会根据内容排序

（1）皮诺曹卖掉识字课本去看木偶戏，差点被食火人当柴烧。

（6）皮诺曹的同学受伤，他跳进大海逃走却被渔夫抓住当鱼炸。

（8）在鲨鱼肚子中与爸爸相遇，并带着爸爸逃回岸上。

（2）皮诺曹带着金币跟狐狸和猫去奇迹地，被吊在大橡树上。

（7）皮诺曹跟小灯芯去"玩耍国"，变成了驴，逃命时被鲨鱼吞进肚里。

（4）从牢里出来，皮诺曹想偷葡萄，成了农夫家的看门狗。

（5）皮诺曹跳进大海去找爸爸，来到勤劳蜜蜂村，又遇见仙女。

（3）橡树上的皮诺曹被仙女救下，金币被狐狸和猫骗走，还被罚坐牢。

我们把这些奇遇连起来，再加上头尾，就是这个故事的主要情节。请同学们自由地快速读一遍。

四、谈谈读书感受

皮诺曹终于变成了一个真正的男孩。（PPT 出示皮诺曹变成男孩的图片："现在我变成了一个真正的乖孩子，真的好高兴。"）

读了这个故事，你有什么想法和感受？

五、写读书卡，分享快乐

1. 不动笔墨不读书。课件出示教师自己书写的读书卡，先请学生读一读，再指导学生书写读书卡。

2. 学生自己书写读书卡，并进行互动欣赏和优秀读书卡评比活动，激励、促进读书。

六、写作指导

作家在构思这本书的时候，列出一个主要人物，然后选几个次要人物，再让他们之间发生一些奇特遭遇，这样就可以写出一篇自己创作的《奇遇记》了。现在我们集体创作一篇《XXX 奇遇记》，说说主要人物是谁，他会和哪些小动物发生奇特遭遇呢？

木偶奇遇记

★设计者：陈枫芸　福建省漳州市实验小学

★适用年级：三～四年级

★教学时间：40分钟（1课时）

★教学准备：课件　简单的表演道具

★学习领域：童话　语文　阅读

木偶奇遇记
THE ADVENTURES OF PINOCCHIO
[意] 卡尔洛·科洛迪 著　陈漪 裴因 译

★教学目标：

1. 激发学生阅读童话的兴趣。

2. 沟通课内外阅读，以点带面，进一步学习阅读童话的方法。

3. 了解目录的作用，学习利用目录快速找到所需的内容。

★内容简介：

　　老人皮帕诺把一块能哭会笑的木头雕成木偶，并把得到生命的小木偶当成儿子。老人卖掉上衣，供儿子上学。可是小木偶一心贪玩，为了看戏不惜卖掉课本。他在木偶戏班获得好心老板的五枚金币，回家路上受狐狸和猫的欺骗，金币被抢走，进了监狱……

教学内容

一、趣味抢答，指导阅读封面、序、目录

　　1. 我们知道，拿到一本书后，想大致了解这本书，可以先看什么？（封面、序、目录）

　　2. 学生阅读封面、序、目录。

　　3. 趣味抢答，相机指导阅读。

趣味抢答

　　1.《木偶奇遇记》是（　　　　　　　　）（国家）作家（　　　　　　　）的作品，由（　　　　　　）翻译，由（　　　　　　）出版社出版。

　　2. 阅读封面图，我猜想这个故事的主人公是（　　　　　　　　　），还有（　　　　　　　　　　　　　　　　）这些人物。

　　3. 我想给大家介绍一下作者。

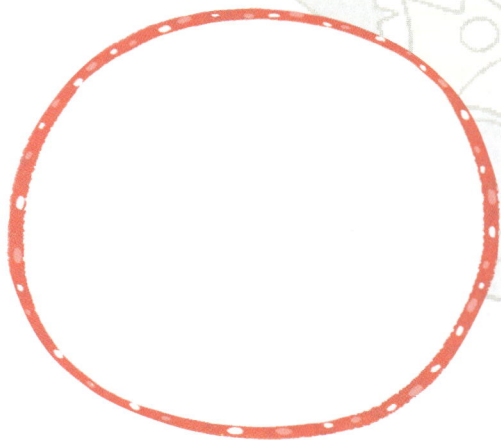

　　4. 读目录，我要猜想一下这本书的内容。

167

二、初识主人公，学习阅读方法

阅读目录，你最想知道什么，先猜想内容。

根据学生兴趣，阅读相关段落，相机进行阅读方法的指导。

1. 阅读"小木偶诞生"片段。

（1）学习利用目录快速定位，用浏览的方法快速找到写小木偶诞生的片段。

①出示段落。

②用自己的话说说小木偶是怎样诞生的。

③这是一个什么样的小木偶？你从哪些描写感受到的？

（2）聚焦小木偶的鼻子。

小木偶身上哪一部分最让你感兴趣？

①关于他的鼻子，文中还有更有意思的描写，请看过故事的同学给大家介绍。

②出示写小木偶鼻子的段落。

③童话对人物、对情节的描写非常夸张，我们可以边读边想象画面，像在看电影，让文字动起来。

④自由读，边读边想象。

⑤教师引导学生把想象说具体。

⑥学习用角色体验的方法阅读。

⑦合作表演，同学评价后再表演。

⑧表演读。

2．感受真实、具体的描写。

①出示文段。

②借助目录快速找到段落。

③学生默读这段话，在有感受的地方圈圈画画，或是在旁边写几个词做批注。

④交流读书感受。

三、激发阅读兴趣，总结阅读方法

1．小木偶快被饿死了，读到这里，你想知道什么？

2．你会把这节课学到的哪些读书方法运用到阅读中呢？

169

奇趣科普

小小的昆虫恪守自然规则，
为了生存和繁衍进行着不懈的努力。
如果将昆虫的多彩生活与自己的人生感悟融为一体，
用人性去看待昆虫，
会看到一个什么样的昆虫世界呢？

★设计者：林娜　福建省宁德市霞浦县第五小学

★适用年级：三～四年级

★教学时间：120分钟（3课时）

★教学准备：阅读《昆虫记》　音乐

昆虫图片

★学习领域：语文　综合活动　自然与科学

★教学目标：

1. 引导学生运用浏览、跳读等读书方法，初步感知整本书的内容。

2. 初步感知六种昆虫的可爱，学会拟人和比喻的写法。

3. 激发学生对《昆虫记》整本书的兴趣，从而产生阅读期待。

★内容简介：

　　《昆虫记》是法布尔用毕生的时间与精力，详细观察了昆虫的生活和它们为生活以及繁衍种族所进行的斗争，然后以其观察所得记入详细确切的笔记，最后编写成书。《昆虫记》十大册，每册包含若干章，每章详细、深刻地描绘一种或几种昆虫的生活：蜜蜂、螳螂、蝉、甲虫、蟋蟀等等。它不仅是一部文学巨著，也是一部经典科普读物。

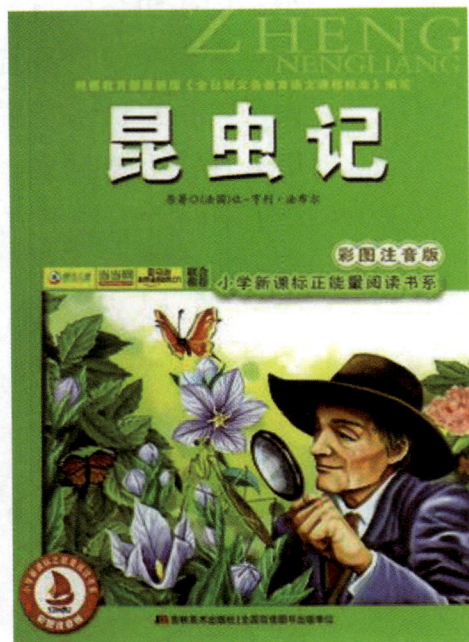

学习活动一：初步感知 走近法布尔

☆ **活动目标：**

1. 了解法布尔，激发孩子对生活的热爱。

2. 初步培养孩子查阅资料的能力。

☆ **活动时间：** 40分钟（1课时）

☆ **活动准备：** 查阅作者资料

☆ **学习领域：** 语文 综合

☆ **活动过程：**

1. 出示《昆虫记》幻灯片：当你拿到这本书的时候，首先关注的是什么？

2. 谁了解《昆虫记》的作者法布尔？你读过他写的文章吗？其实《昆虫记》这本书中也介绍了作者，谁发现了？读给大家听一听。

3. 出示：

"一个人耗费一生的光阴来观察、研究'虫子'，已经算是奇迹了；一个人一生专为虫子写出十卷大部头的书，更不能不说是奇迹；而这些写虫子的书居然一版再版，先后被翻译成50多种文字，直到百年之后还会在读书界一次又一次引起轰动，更是奇迹中的奇迹。"

这是一段书评，你看了之后有什么想说的？

173

4. 教师介绍法布尔。

5. 你们口袋里放过什么？法布尔小时候对小虫子非常着迷，袋子里常常装满了各种昆虫。

6. 出示几个有关法布尔的小故事，展开交流。

法布尔爬到一棵树上，观察螳螂的活动。他把周围的一切都忘了。结果，别人误把他当成了小偷，要抓他，他才从观察中惊醒过来。

……

7. 看了这个小故事，你有什么想说的？请谈谈自己的感受。

8. 走进昆虫史诗——《昆虫记》。

9. 学生自主阅读。

学习活动二：整体感知 走进《昆虫记》

☆ **活动目标：**

    1. 引导学生运用跳读等读书方法通读《昆虫记》，初步感知整本书的内容。

    2. 激发学生对《昆虫记》整本书的兴趣，从而产生阅读期待。

    3. 指导学生欣赏《昆虫记》精彩片段。体会语言文字的特点，激发学生阅读兴趣，提高阅读能力。

☆ **活动时间：** 40分钟（1课时）

☆ **活动准备：** 阅读《昆虫记》

☆ **学习领域：** 语文 综合

☆ **活动过程：**

    1. 引导学生交流汇报，比一比，看谁对这本书的内容了解得最多。

    2. 指导学生读整本书。

    （1）指导学生先读《昆虫记》的译序。要求默读，画出自己感兴趣的句子，然后交流自己读懂了什么。

    （2）再指导学生看书的目录，说说本书讲了哪些昆虫的"习性"，哪些昆虫的"生活"，谈谈最感兴趣的是什么昆虫。

    3. 交流《昆虫记》片段。

    出示："未长成的蝉的地下生活，至今还是未发现的秘密。我们所知道的，只是它爬到地面上来以前，在地下的生活大概是四年。此后，日光中的歌唱不到五个星期。四年黑暗的苦工，一月日光中的享乐，这就是蝉的生活。"

    （1）请学生们自由读读这段话。

    （2）你从中了解了哪些科学知识？

    （3）你看了这一段，对蝉有什么新的想法？还想知道有关蝉的哪些知识？

4. 交流《昆虫记》片段二。

（1）你们见过螳螂吗？能用自己的话来向大家介绍一下螳螂吗？

（2）看看昆虫学家法布尔笔下的螳螂吧！

（3）螳螂给你留下了什么样的印象呢？你是从哪些语句中感受到的？请谈谈自己的想法。

（4）这段话选自《凶狠的捕猎者——螳螂》，还有更不可思议的地方，请大家看：

"或许你想不到，事实上，螳螂还是一种自食其同类的动物呢！也就是说，螳螂是会吃螳螂的，吃掉自己的兄弟姐妹。而且，它在吃的时候，面不改色心不跳……最让人吃惊的是，雌性螳螂甚至还有食用自己丈夫的习性！在它吃它的丈夫的时候，雌性螳螂会咬丈夫的头颈，然后一口一口地吃下去，最后只剩下两片薄薄的翅膀而已。这真是让人难以置信啊！"

（5）请大家交流自己的阅读感受。

☆ **活动目标：**

指导学生欣赏《昆虫记》精彩片段。体会语言文字的特点，激发学生的阅读兴趣，提高阅读能力。

☆ **活动时间：** 40分钟（1课时）

☆ **活动准备：** 阅读《昆虫记》

☆ **学习领域：** 语文 综合活动

☆ **活动过程：**

1. 在《蟋蟀的住宅》里，我们认识了蟋蟀这位演奏家，今天我们再来认识一位勤劳的歌唱家——蝉。快速翻看这部分，看看对蝉的什么方面最感兴趣。（互相交流）

2. 再次浏览整本书，选择最感兴趣的部分读一读，运用这种读书的方式可以把书读薄。

还可以引导学生横向比较阅读，采用跳读的方式，找出每种昆虫的巢穴特点、习性、繁殖特点等等。（出示图）

3. 将阅读兴趣延伸到课外。

松毛虫是"人人为我，我为人人"的典范，很值得我们学习；美丽的孔雀蛾寿命只有两三天；樵叶蜂是个天生的裁剪师，会为它的幼虫做小巢，而它自己却是个借宿者，常常借宿在蚯蚓的地道里；那小小的萤火虫竟然是个食肉动物，最爱吃的食物是樱桃大小的蜗牛，真不可思议；捕猎高手螳螂的幼虫竟然会被蚂蚁吃掉，真让人大吃一惊；绿头蝇是新陈代谢的工作者；蜘蛛会吐尽最后一条丝，为它的孩子筑巢；天凉后，黄蜂会杀死幼虫再纷纷死去……这些神奇的小动物正等着我们去认识它，了解它呢。请同学们课后好好读读《昆虫记》。

4. 读完之后如果想更多地了解昆虫，了解自然，还可以去读《人与自然》《当世界还小的时候》《吓人的爬行动物》《鸟》《花园系列》《科学的故事》等书籍，相信你们会有更多收获。

5. 昆虫故事会。

观察或者通过查找资料，了解几种昆虫的特征和习性，加入自己的想象，写一写它们的生活，写一写自己和它们之间的故事。

昆虫记

★设计者：刘英姿　福建省福州市钱塘小学

★适用年级：三～四年级

★教学时间：120分钟（3课时）

★教学准备：阅读《法布尔昆虫记8：夏日音乐家蝉》

★学习领域：语文　科学　综合活动

★教学目标：

1. 阅读美文，积累好词佳句。

2. 了解法布尔，了解夏日音乐家——蝉，通过蝉的生命历程图分章节赏析。

3. 感受文章生动形象的语言和多种描写方法。

4. 培养学生对生命的敬畏，对自然的敬畏，对生活的热爱之情。发挥想象力，续写蝉篇。

★内容简介：

当雨季结束，炎热的夏天随之而来，森林里的参天大树上此起彼伏的蝉鸣声，响彻了整个天空，这是蝉家族在炫耀它们美妙的歌喉。

蝉鸣声有时听来十分清爽，有时却吵得令人烦躁。但是，蝉似乎根本无暇考虑人类的想法，因为它们已经在地下足足等了四五年甚至长达十几年的时间，现在总算见到蓝天白云，它们只想着尽情放声高歌。更何况，它们只有两三周的歌唱生涯。

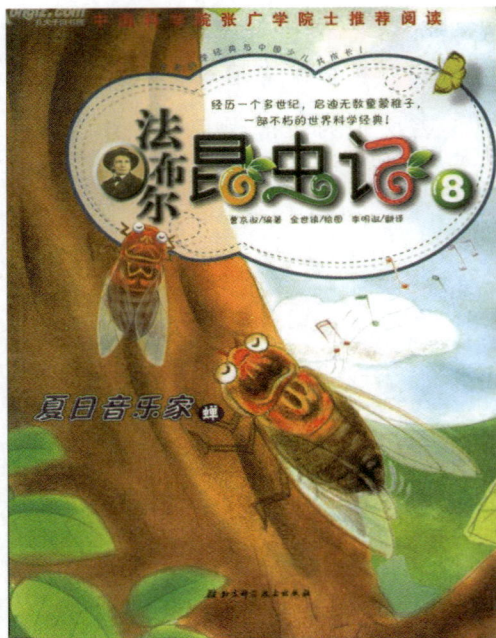

教学内容

一、从原文中，找出最准确的修饰语填上吧。

1. （　　　　）的树枝是我最喜欢的。

2. （　　　　）的小乐从不计较。

3. 蝉的生活就是学习（　　　　）的生活！

4. 太阳一大早就露出了笑脸，（　　　　）地在蓝天白云里休息。

5. 经过反复磨炼，他现在已经成为一名（　　　　）的建筑师了。

6. 小乐（　　　）的身体颜色渐渐加深，原本（　　　）的眼球也变成了黑色。

7. 他（　　　　）地享受着阳光下的生活。

二、想想看，选一选。

1. A. 一边 一边　　B. 因为 所以　　C. 不过 却有　　D. 虽然 但是

（1）＿＿＿＿，在漫长的地下生活中，＿＿＿＿一件事情让小乐乐此不疲，那就是盖房子。（　　　　）

（2）小乐＿＿＿＿鼓励着自己，＿＿＿＿不停地摇晃着身体。（　　　　）

（3）＿＿＿＿我很小的时候只短暂地看过外面的世界，＿＿＿＿，至今仍记得那温暖的阳光和徐徐微风。（　　　　）

（4）＿＿＿＿黑暗的环境不需要双眼，＿＿＿＿小乐的视力自然而然地退化了。（　　　　）

2. 老蝉　　地下的幼虫　　初龄若虫

卵枝→＿＿＿＿＿→＿＿＿＿＿→出土若虫，金蝉脱壳→蝉蜕成虫，树上鸣蝉→＿＿＿＿＿

181

三、对号入座，"我"能连。

蚂蚁　　　蝉　　　嘴巴　　　马蝉　　　盖片　　　发音肌

狡猾的　酷似贝肉的　吸管状的　发硬的　体形大嗓音亮的　优秀的

四、我来分享我最棒。

《法布尔昆虫记 8：夏日音乐家蝉》运用了_____顺序来描述蝉的生存发展状态，他通过自己的认真观察，用生动形象的语言描绘了蝉的产卵、地下建筑、蚂蚁的谎言、短暂的歌唱生涯，你最喜欢哪个部分的描写？给大家读一读，并说说你喜欢的理由。

五、我会当优秀小作家

　　经过 4 年地下生活的磨砺，他终于迎来了金蝉脱壳的时机，经过 3 个小时的蜕皮奋战，小乐终于变成了一只神奇的褐色成年蝉。太好了！现在只剩下最后的考验了，那就是在天空中飞翔。从没有飞行经验的小乐，突然感到有些害怕，他犹豫了片刻，还是鼓起勇气从树枝上跳了出去，不巧，刚飞出去，就被下一根树枝上的蜘蛛网勾住了翅膀。

　　如果你从树下经过，发现了扑腾的小乐，你和小乐间会发生什么故事呢，请展开合理想象，续写故事吧。

人物传记

REN WU ZHUAN JI

马克·吐温说过,
19世纪出了两个了不起的人物,
一个是拿破仑,一个是海伦·凯勒。
海伦·凯勒遭遇了极大的不幸,
但她却一直用富于诗意的文字,抒发着对生活的热爱。

假如给我三天光明

★设计者：倪冬梅　福建省宁德市屏南县长桥中心小学

★适用年级：五年级
★教学时间：120分钟（3课时）
★教学准备：阅读《假如给我三天光明》
★学习领域：语文　综合活动　人文　生活

★教学目标：

1. 了解海伦·凯勒的一生，引导学生做一个有毅力、有信心、敢于挑战困难、拥有爱心的人，懂得珍惜生命，关爱社会，关爱他人。

2. 激发学生阅读全书的兴趣，逐步培养学生阅读的好习惯。

3. 领悟泛读、精读、研读的阅读方法，品味作品中的语言，能说出自己的阅读感受。

★内容简介：

　　海伦·凯勒原来是个健康活泼的小女孩，因一场疾病导致失明、失聪和失语，从此小小的海伦·凯勒变得暴躁、任性和孤独。直到七岁，她在充满爱心与耐心的莎莉文老师费尽心思的引导下，走出了黑暗与孤寂，感受到了语言的神秘，领悟出了知识的神奇。从此，海伦·凯勒求知若渴，凭着惊人的毅力，以优等成绩完成了哈佛大学四年的学习，成为人类历史上第一位获得文学学士的盲聋人。

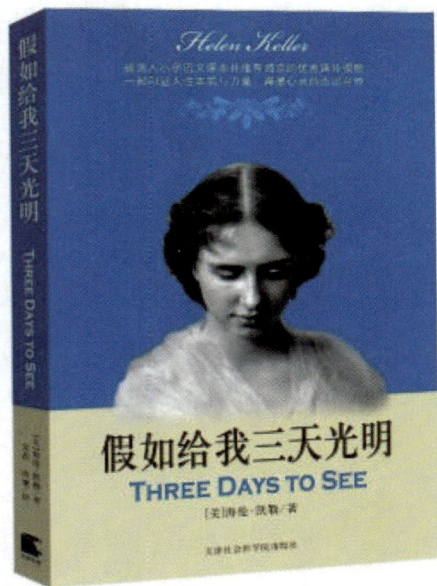

学习活动一：走近海伦·凯勒，品读著作

☆ **活动目标：**

1. 了解海伦·凯勒的一生，通过搜集、整理、交流，提高学生的信息处理能力。

2. 想象海伦·凯勒的困难、艰辛与痛苦，感受海伦·凯勒非凡的毅力和不屈不挠的奋斗精神。

3. 引导学生凭借语言材料走进海伦·凯勒的内心世界，学做生活的强者。

4. 激发学生阅读全书的兴趣，逐步培养阅读的好习惯。

5. 领悟泛读、精读、研读的阅读方法，品味作品中的语言，能说出自己的阅读感受。

6. 培养学生的语言组织能力。

☆ **活动时间：** 80分钟（2课时）

☆ **活动准备：** 搜集整理海伦·凯勒的资料　多媒体课件

　　　　　　　阅读《假如给我三天光明》并做好笔记

☆ **学习领域：** 语文　社会

☆ **活动过程：**

一、活动导入

20世纪，出现了一个生活在黑暗中却又给人类带来光明的女性，一个度过了生命的88个春秋，却有87年生活在无光、无声、无语的孤独岁月中的女性。这个独特的生命个体，以其勇敢的方式震撼了世界，她就是海伦·凯勒。

二、师生交流

1. 你对海伦·凯勒了解多少呢？

（设计意图：交流作者的生平经历，可以让学生对海伦·凯勒的精神品质有初步的了解，对海伦·凯勒产生敬仰之情，有助于学生理解她的《假如给我三天光明》。）

2. 你读过这本书了吗？（如果你没读，老师要推荐给你这本好书；如果你读了，在课堂中你会学到如何去进一步阅读和赏析这本世界名著。）

（设计意图：激起学生的好奇心——她为什么是了不起的人物？她的哪些地方了不起？为接下来的阅读做好铺垫。）

三、独立阅读，将有感触的地方做上批注

四、品读海伦·凯勒的《假如给我三天光明》，看简介了解大概内容

五、引导"三步阅读方法"

泛读：概括书的内容。

精读：品味赏析内容。

研读：联系实际，思考感悟。

（设计意图：先指导阅读方法，再进行阅读训练，让学生充分感知阅读的方法与阅读的快乐。）

1. 泛读：概括书的内容。

分组读：引言、第一天、第二天、第三天，概括内容并交流。

2. 精读：品味赏析内容。

读出你认为深有感触的句子或段落，品味、欣赏、交流。（重点词欣赏、理解含义、用心体会、联系实际欣赏）

3. 研读：联系实际，思考感悟。

师：读过一本书，我们会对书中的内容进行回顾总结，反复研读。请提出你读过文章后，觉得值得深入思考的问题。

例如：

海伦·凯勒的成功来源于什么？

她是怎样获得那么丰富的知识的？

这本书带给我什么启示？

这部作品想告诉我们什么？

189

学习活动二：畅谈感受

☆ **活动目标：**

1. 交流读后感，培养学生的语言表达能力与交际能力。

2. 理解文章传达给学生的人文精神，并时时提醒学生保持对生活的热情。

☆ **活动时间：** 40分钟（1课时）

☆ **活动准备：** 读《假如给我三天光明》笔记　一条纱布

残疾人尼克·胡哲演讲视频

☆ **学习领域：** 语文　综合活动

☆ **活动过程：**

一、游戏导入

每个人用纱布蒙住自己的眼睛，离开座位，到黑板上写自己的名字，然后再回到自己的座位。

说说游戏的感受。

（设计意图：俗话说百闻不如一见，百见不如一干。通过蒙眼体验，学生更能发自内心地佩服海伦·凯勒，也为下面谈感受垫下基石。）

二、畅谈读后感

我们短短十几分钟看不见就如此难受，海伦·凯勒在黑暗中可是生活了87年啊，而且对社会做出了巨大贡献。她肯定震撼了你，赶紧与同学分享你的感受吧！

1. 学生交流。

2. 教师总结。

3. 播放残疾人尼克·胡哲到中国巡回演讲的相关视频。

这视频同样震撼着你我，它告诉我们什么呢？你还想到了谁？（霍金、张海迪、华彦钧、贝多芬……）

三、活动延伸

    1. 搜集并识记立志克服困难的名言。

    2. 阅读海伦·凯勒的其他著作。

人物传记——假如给我三天光明

温馨绘本

WEN XIN HUI BEN

好绘本，是具有艺术气息的，能培养孩子的审美；
是具有深刻情感的，能教会孩子去爱；
是具有科学精神的，能培养孩子求真与想象的能力。

爱心树

★设计者：邓芳　福建省南平市浦城县实验小学

★适用年级：四年级

★教学时间：40分钟（1课时）

★教学准备：阅读《爱心树》

★学习领域：阅读　生活　写作

★教学目标：

1. 欣赏谢尔的《爱心树》，初步感受他简洁明了的绘画风格，幽默、温馨、充满淡淡的人生讽刺的创作风格。

2. 学会从不同的角度欣赏绘本，引领学生置身绘本情境，展开丰富想象，激活语言思维，强化语言表达能力，丰富绘本内容。

3. 提升阅读品质，丰富精神世界。在阅读中品味成长，感受母爱，学会感恩。

4. 培养学生边读边思的阅读习惯，根据绘本训练写作，激发写作欲望。

★内容简介：

　　《爱心树》是美国诗人谢尔·希尔弗斯坦创作的一部轰动世界文坛的经典作品。文章向我们讲述了这样一个故事：大树给予男孩成长中所需要的一切，而自己却不图一丝一毫的回报；男孩从大树的身上享受着一份又一份的快乐与幸福，直到风烛残年，身心俱疲，仍然可以在仅剩的老树墩上休息……作者用简单的线条和充满诗意的文字，创作了一则生活寓言——这则寓言在施与受之间，也在爱与被爱之间。

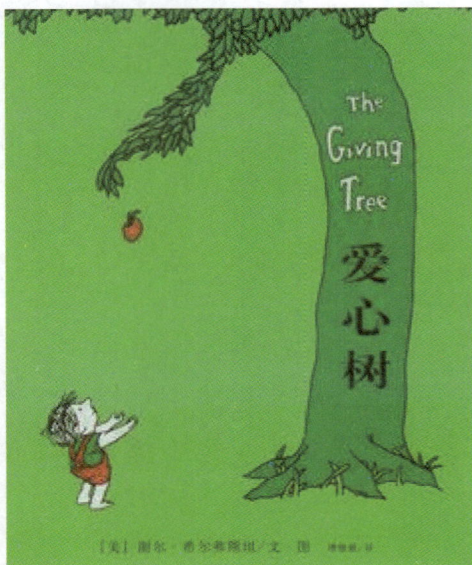

教学内容

一、阅读绘本

静静地听老师读，仔细看屏幕上的画面。

1. 第一处"大树很快乐"，设疑：大树为什么快乐？

2. 第五处"大树很快乐"，设疑：面对这幅静止的画面，你感觉到快乐了吗？你的心中只有快乐吗？

二、品味绘本

1. 你印象最深刻的一幅画面是什么？你最想表达的感受是什么？

2. 在你的生活中，你拥有属于你的"大树"吗？

3. 你有过做"树"的经历吗？

4. 引导想象画面"于是，孩子坐下了"。

"坐下了"简单的三个字岂能表现此时男孩的内心世界？此时的男孩已经白发苍苍，一身疲惫；此时的男孩就坐在这棵原本挺拔的老树墩上。

☆ 追问：他会回忆什么呢？

三、丰富绘本

1. 练笔，指导，班级交流。

2. 总结，延伸：在我们进行课外阅读的过程中，要及时地把自己的想象写下来，这就是给作品"补白"。这是我们在课外阅读中进行写作的一种方法。

在阅读过程中，我们还可以结合前面阅读中提到的"回味"，去写自己的阅读感受，这就是读后感。

我们还可以结合自己阅读中的"联想"，去进行文章的移植，也就是仿写。例如，今天我们读了《爱心树》，有兴趣的同学回家以后可以去写自己身边的"大树"，甚至写自己"做大树"的经历。

我想去看海

★**设计者：**李凯鸿　福建省南平市顺昌县岚下中心小学

★**适用年级：**二～三年级
★**教学时间：**80分钟（2课时）
★**教学准备：**绘本　课件　音乐　卡梅拉书签
★**学习领域：**阅读　综合活动

★**教学目标：**

1. 师生通过多种形式的读，感受故事的有趣、离奇，激发学生课外阅读的兴趣。

2. 借助图画想象图画书空白处的内容，丰富学生的想象力，提高学生的表达能力。

3. 学习卡梅拉做事坚持到底、不怕困难的精神，培养孩子独特的个性。

★**内容简介：**

　　小鸡卡梅拉厌烦了鸡窝里的平凡生活，她幻想着外面的世界，来一次长途旅行是她的第一个梦想。在海的另一边，她结识了火鸡皮洛克，并且把他带回了家，他们俩生下了一只粉色的小鸡——卡梅利多。

学习活动一：大家一起读

一、头脑风暴

对于一只小鸡来说，什么是比下蛋更好玩的事情？

二、共读绘本《我想去看海》

1. 启发谈话，引入课题。

（1）出示卡梅拉的图片。

这是谁？

在你眼里母鸡是干什么的？

（2）连小朋友都知道，母鸡就是用来下蛋的，不下蛋怎么行呢？可是卡梅拉就最反对下蛋，她认为下蛋是最最无聊的事，她觉得生活中应该有更好玩的事儿！

你想知道她的故事么？让我们一同走进《我想去看海》。

2. 猜测故事，激发兴趣。

（1）从封面上你知道了什么？

（2）看看卡梅拉，你猜测一下故事是怎样的。

（3）让我们一起去看看故事到底是什么样的。

3. 卡梅拉的愿望。

（1）现在是下蛋的时间了，这可是小鸡们第一次下蛋。欣赏图画，你觉得哪里最有趣？看着可爱的小鸡，鸡妈妈们高兴坏了，再看卡梅拉一个人在干什么？她心里会怎么想？

（2）读第6页，看第7页，你觉得佩罗还会给卡梅拉讲什么故事？卡梅拉的神情是什么样的？

（3）听着这些神奇、美妙的故事，卡梅拉就想到了去看海。继续读8～9页。

一天晚上，又到了回鸡窝的时间，其他小鸡都跟着爸爸妈妈走了，只有卡梅拉说："……我想去看大海。"（请学生用不同的感情读，随机点评）

（4）听到卡梅拉想去看海，反应最强烈的是谁？你能用一个词来形容鸡爸爸的表情吗？鸡爸爸会怎样教训卡梅拉？其他的鸡是什么表情？听了大家的话，她会对自己说什么？仔细看看插图。

小结：绘本里有许多精彩的插图，仔细看图，能帮助我们更好地读懂文本。

（5）小结。

（6）练读第12页（不！我就要去看海，马上就去！）

我想去看大海！

4. 卡梅拉的行动

（1）继续读12-15页。

（2）看图，说说在途中她可能会遇到哪些困难，她是怎样克服的。

（3）读17页。

（4）小结。

（5）读一读"……哇！大海！"

（6）读22页，卡梅拉还会碰到什么惊心动魄的事情呢？

（7）学生在音乐声中看书。（把精彩的部分多看一遍）

（8）看精彩插图并交流。

（9）读28-29页，卡梅拉在干什么？她为什么要拼命下蛋呢？

（10）读34页，卡梅拉在干什么？

（11）读42-43页，卡梅拉会对鸡爸爸鸡妈妈说什么？联系前文，鸡爸爸会对卡梅拉说什么？其他的鸡在做什么呢？

学习活动二：大家一起演

一、交流讨论

1. 这本书好看吗？

2. 卡梅拉是只怎样的小鸡？

3. 你觉得故事中最好玩、最有趣的地方在哪儿？

二、让学生分组表演母鸡下蛋的情景

表演要求：

1. 根据表演内容，小组讨论如何安排角色。

2. 先在小组中进行表演，推荐演得好的同学代表本小组上台展示。

3. 展示过程中，其他同学要保持安静。

4. 准备时间 15 分钟。

三、交流

1. 你认为哪个小组的表演最精彩？

2. 在表演过程中，你都有哪些收获呢？

四、好书推荐

这套书的系列名就叫"不一样的卡梅拉"，全套 6 本，每本都以第一人称的口吻来命名，如《我想去看海》《我想有颗星星》《我想有个弟弟》《我去找回太阳》《我爱小黑猫》和《我能打败怪兽》。书名就充满了个性和天真的想法，看到书名就可以想象出，这些小鸡有多么不一样，让人感觉一下子拉近了距离。心动不如行动，赶快去阅读吧！

杰克和魔豆

★设计者：王颖婷　福建省福州市亚峰中心小学

★适用年级：二～四年级
★教学时间：120分钟（3课时）
★教学准备：阅读《杰克和魔豆》
★学习领域：语文　人文　情感

★教学目标：

1. 理解故事内容，清楚地说出故事的主要情节。

2. 培养孩子倾听、表达等交流协作能力。

3. 在理解作品的基础上，感受作品中人物的品质。

★内容简介：

　　从前有一个男孩名叫杰克，他和他的妈妈克拉及母牛米可·怀特一起生活。他们非常贫穷，但是很爱彼此。一天，杰克的妈妈走到杰克面前喊道："杰克，我用完了最后的一点面粉，我们没有更多的食物了。你必须将米可·怀特带到市场上卖到一个好价钱。"．作为一个好孩子，杰克应妈妈的要求来到市场上……

教学内容

一、学会乐观

　　妈妈让杰克拿牛去换些粮食回来，杰克换了几颗豆子回来，妈妈很生气。结果我们发现，这并不是那么令人失望的事。

　　☆　你觉得杰克的这桩买卖值得吗？

二、坏事变好事

大家围坐一圈，一位同学说出自己认为不好的一件事情，由另一个同学来"变"，用"但是""至少"或者其他转折语，把这件坏事变成好事。

每件事情都有正反两面，站在不同的角度看问题，就会有不同的想法和心情。和同学交流一下，当我们发现事情好的一面的时候，我们的心情发生了哪些变化？

坏事	好事	我的心情

三、勇敢

杰克被巨人追赶，从魔豆藤蔓上一跃而下，并且急中生智，用斧头把藤蔓砍断，战胜了巨人。人们觉得他的行为非常勇敢。你对他的做法怎么看？什么是勇敢呢？

四、辩论会

什么是勇敢呢？和同学们一起来开展一场辩论会吧！

在以下两个观点中选择一个作为你的观点。

尽量搜集能够证明你的观点的例子，把它们记录下来。

和与你有相同观点的同学结成联盟，每方选5名代表展开辩论，时间为30分钟。

甲方	乙方
杰克的行为是勇敢的	杰克的行为算不上勇敢
理由：	理由：
举例：	举例：

五、又说又画

如果你得到了一颗豆子，你希望种出什么呢？画一画，并说说为什么。

六、人在旅途

孩子们，如果你得到了一次冒险的机会，你会考虑哪些方面？各个方面又要准备些什么呢？和小伙伴讨论一下，写下来吧。

驴小弟变石头

★ 设计者：林颖　福建省福州市亚峰中心小学

★ 适用年级：二～四年级
★ 教学时间：120分钟（3课时）
★ 教学准备：阅读《驴小弟变石头》
★ 学习领域：语文　人文　情感

★ 教学目标：

1. 理解故事内容，清楚地说出故事的主要情节。

2. 培养孩子的倾听能力及大胆、清晰、连贯地表达自己想法的能力。

3. 在理解作品的基础上，感受作品中人物的情感，感受父母对自己的爱，激发孩子对父母的爱。

★ 内容简介：

　　一个雨天，驴小弟捡到一块可以实现愿望的魔石。但是在回家的路上，驴小弟被突然遇到的狮子吓着了，他下意识的想法却带来了意想不到的结果—— 他变成了石头……

教学内容

一、我来介绍驴小弟

我们称他：_____

他的爱好：_____

他的家庭成员：_____

他的家庭住址：_____

二、神奇的红石子

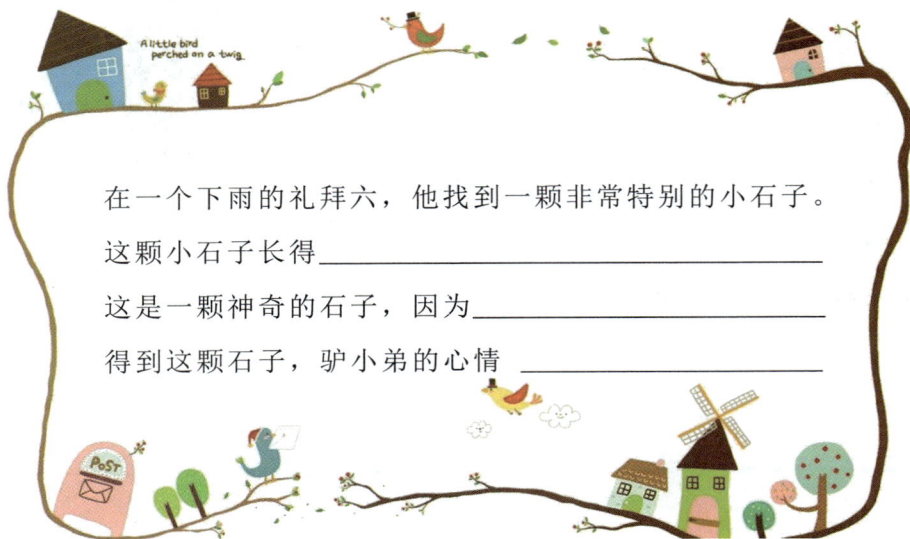

在一个下雨的礼拜六，他找到一颗非常特别的小石子。

这颗小石子长得_____

这是一颗神奇的石子，因为_____

得到这颗石子，驴小弟的心情 _____

温馨绘本——

驴小弟变石头

209

孩子们，我们的心里也有许许多多想实现的愿望、想得到的东西、想改变的事情，如果你拥有这一颗红石子，你想让它完成什么心愿呢？一起来说说吧！

假如我有一颗红石子，我要＿＿＿＿＿＿＿＿＿＿

＿＿＿＿＿＿＿＿＿＿＿＿＿＿＿＿＿＿＿＿＿＿

＿＿＿＿＿＿＿＿＿＿＿＿＿＿＿＿＿＿＿＿＿＿

四、驴小弟变石头

他开始走回家去，急着要用这颗神奇的小石子让爸妈惊喜一下，却在途中遇到了既狡诈又饥饿的狮子。

假如你是驴小弟，你会怎么办？

我会利用红石子＿＿＿＿＿＿＿＿＿＿＿＿＿＿＿

＿＿＿＿＿＿＿＿＿＿＿＿＿＿＿＿＿＿＿＿＿＿

＿＿＿＿＿＿＿＿＿＿＿＿＿＿＿＿＿＿＿＿＿＿

可是驴小弟已经被吓坏了，他已经没办法镇定自若地想办法了，因为他平时最喜欢收集各种各样的石头，他的第一念头就是把自己变成一块大石头！

变成大石头后，驴小弟脱离了危险，却＿＿＿＿＿＿＿＿＿＿＿＿＿＿＿＿＿＿＿＿

＿＿＿＿＿＿＿＿＿＿＿＿＿＿＿＿＿＿＿＿＿＿

＿＿＿＿＿＿＿＿＿＿＿＿＿＿＿＿＿＿＿＿＿＿

五、孩子，你快回来

天黑了，驴小弟还没回家，他的爸爸妈妈急得快要发疯了。

他们的心情如何？他们又是怎么做的？

_____

_____

_____

时间一天天过去，他们一直找不到驴小弟。驴爸爸和驴妈妈觉得生活已经没有了意义。他们尽量让自己快乐，尽量过得跟平常一样。但平常的生活里总包括了驴小弟，所以他们老是想到他。

在_____时，他们想到了驴小弟。

在_____时，他们又想到了驴小弟。

在_____时，他们想驴小弟想到落泪。

在_____时，他们想驴小弟想到疯狂。

温馨绘本——
驴小弟变石头

211

六、我替驴小弟说

变成石头的驴小弟，孤零零地在草莓山上度过了一个个白天、黑夜，挨过了春、夏、秋、冬，却发不出一点声音。他的心里一定有许多话想讲，你能帮他说出来吗？

他想对爸爸妈妈说：_____

_____

他想对周围的小动物说：_____

_____

他想对_____说：

七、奇迹发生了

五月里，驴爸爸和驴妈妈的一场野餐让事情出现了转机。

他们为什么会去野餐？

_____

_____

驴爸爸为什么会捡起那颗红石子？

_____

_____

_____

_____

『同一本书』共读创意教案设计（二）

八、我有自己的看法

"他唯一的希望是有人发现这颗红石子，并且希望红石子旁边的这块岩石能变成一只驴子。当然了，一定会有人找到这颗红石子，因为它是这么的闪亮耀眼；可是世界上有谁会希望一块岩石变成驴子呢？这个机会顶多只有十亿分之一。"

1. 是什么让十亿分之一的机会，变成了现实？

_____

_____

2. 你觉得是什么让驴小弟变回了自己？仅仅是石头的法力吗？

_____

_____

3. 为什么回到家里，他们就把那颗神奇的小石子放进保险箱里呢？他们就不想用石头变出各种各样的东西吗？

_____

_____

4. "他们已经有了他们想要的一切了"，这一切是指什么？

_____

_____

　　在我们的生活中，也有很多爸爸妈妈弄丢了自己的孩子，每天都生活在思念的痛苦之中，让我们来一起看几个故事。

　　★特特，1999年5月出生，家中长辈视他为宝贝，5岁那一年，他突然在自家门前失踪了。特特一家的命运从此改变。父亲、母亲逃离伤心地，远走他乡；奶奶在自责和众人的责备声中度过了一年，精神恍惚；爷爷性子执拗，他宣布："我这一生不做事了，到死专找孩子。"

　　★扬州一个7岁女童，到亲戚家参加婚礼时失踪。她的家人向警方报案的同时，孩子的父亲通过网络、微博等发出寻人启事，悬赏20万寻找女儿下落，"我们家女儿被人拐跑了，哪个好心人帮我找找我家女儿，让我做什么都可以，要我的命也行，求求大家了。"

　　★仅仅是一个不小心，杨文生把14岁的儿子杨鑫弄丢了。丢孩子的心情，绝不是一般人能理解的，半年时间，他找遍了全国12个省市，摆地摊、发名片，骑着摩托一个城市一个城市地寻找。有一次骑摩托车上不了高速，一千多公里的路，他只能一边问路一边找孩子。他表示，"只要我还能在路上走，就绝不会放弃找孩子，用一句话说：'生命不息，寻子不止。'"

☆　从这三个故事中，你体会到了什么？

十、爱我的爸爸妈妈

读了这么多故事，你是否感受到了爸爸妈妈对孩子深深的爱？其实你们的爸爸妈妈对你们的爱也无时无刻不围绕在你们身边。

1.在我生病时，我的爸爸妈妈会＿＿＿＿＿＿＿＿＿＿＿＿。

2.在我遇到困难时，他们会＿＿＿＿＿＿＿＿＿＿＿＿。

3.在我取得进步时，他们会＿＿＿＿＿＿＿＿＿＿＿＿。

4.在我＿＿＿＿时，他们会＿＿＿＿＿＿＿＿＿＿＿＿。

十一、爱要大声说出来

我很爱我的爸爸妈妈，我想对他们说：＿＿＿＿＿＿＿＿＿＿＿。

看完后，请家长写下你的感受：＿＿＿＿＿＿＿＿＿＿＿。

☆ 写完后，记得给孩子一个爱的拥抱哦！

你是我最好的朋友

★ 设计者：罗明娇　福建省龙岩市第二实验小学

★ 适用年级：二年级

★ 教学时间：120分钟（3课时）

★ 教学准备：课件　绘本

★ 学习领域：综合活动　写作　生活

★ 教学目标：

1. 借助绘本阅读，在倾听、思考、观察、想象中享受阅读的乐趣，培养边听边读边思考的阅读习惯，激发学生课外阅读的兴趣。

2. 能够用心体会，运用多种感官来感受大自然中丰富的色彩，并尝试用语言来描述自己独特的色彩观察和感悟，激发语言思维，强化语言表达。

3. 在听、说和写中，感受友谊的可贵。

★ 内容简介：

　　娜娜是一只很特别的小白鼠，她不愿意和老鼠做朋友，只想找一只大象做朋友。她终于找到了大象末末。可是，末末是一只盲象。娜娜决心为末末描述五颜六色的世界。红色、黄色、蓝色、绿色……在融洽的一问一答中，他们成了最好的朋友。最后，当娜娜问末末最喜欢什么颜色时，末末说最喜欢的是白色，因为白色是他好朋友的颜色。最美的颜色，是朋友之间的友谊。

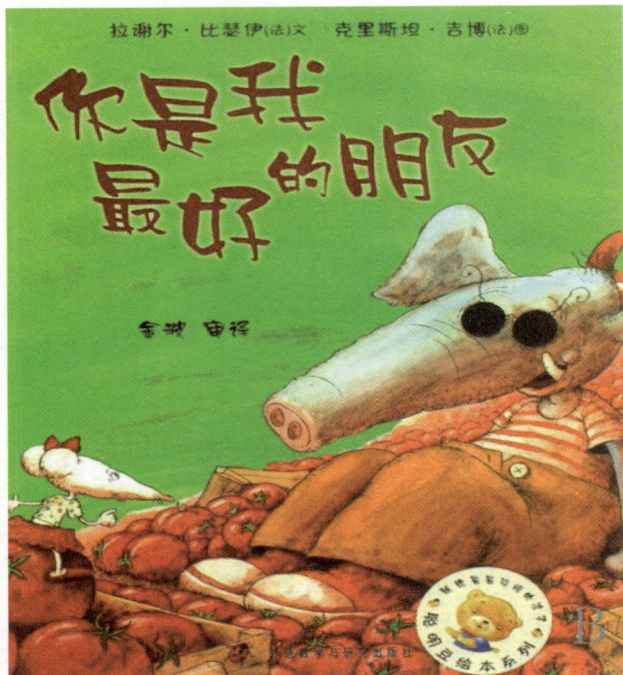

学习活动一：走进绘本 感受友谊

☆ **活动目标：**

　　1. 培养边听边读边思考的阅读习惯，激发课外阅读的兴趣。

　　2. 运用多种感官感受大自然中丰富的色彩，尝试用优美的语言把自己感受到的色彩描述出来，激活语言思维，提高语言表达能力。

　　3. 在听、说和写的训练中，感受友谊的可贵。

☆ **活动时间：**40分钟（1课时）

☆ **活动准备：**《你是我最好的朋友》绘本　彩笔　图画纸

☆ **学习领域：**语文　综合活动

☆ **活动过程：**

课前谈话与激趣

　　你们认识哪些形状？（正方形、长方形、三角形……）

　　那你们知道用各种各样的形状还可以画出什么吗？比如……

　　请拿出你的水彩笔在纸上画一种你最喜欢的事物，并跟同学们分享，由同学们进行点评。

一、创设情境，激发阅读的兴趣

　　1. 出示各种形状画成的七彩图画。

　　2. 出示大象和老鼠的图。

　　3. 指导欣赏封面。从封面上你看到了什么？看书名，猜内容。

　　4. 小结：读一本书，就是要这样，先看封面，再进行大胆的猜测。

　　5. 读绘本简介。

　　6. 引导：

　　（1）故事简介向我们提了哪两个问题？谁来读一读？

　　（2）这两个问题就是故事要告诉我们的内容，猜猜娜娜会为末末介绍哪些颜色？

温馨绘本——你是我最好的朋友

二、共读绘本，感受缤纷的色彩

（一）听读故事开头部分。出示图文（1-6页）听故事。

1. 出示图文（1-2页），听录音。

现在你们知道，小白鼠娜娜为什么不和老鼠做朋友，而只和大象做朋友了吧？谁能用这个句式完整说说？

因为大象_____，阿宝一伙儿_____，所以小白鼠娜娜不和老鼠做朋友了，而只想和大象做朋友。

2. 出示图文（3-6页），读故事。

（1）读到这儿，我们知道末末是一只盲象，盲象是什么意思，谁来说一说？

（2）娜娜和大象末末成为了好朋友，末末什么也看不见，这让娜娜非常伤心，她决定给末末讲讲周围五颜六色的世界。猜猜她会给末末介绍什么颜色呢？

（二）品味"红色"，进行语言模仿训练。

过渡：我们现在看看，娜娜先给末末介绍了什么颜色？

1. 课件展示绘本。

2. 交流：读了他俩的对话，你知道了什么？

3. 品读文字：红色还是一种非常温暖的颜色，就像樱桃和西红柿在太阳的照耀下慢慢熟透了的样子。

理解：末末是一只盲象，他是怎么感受到红色的呢？（可以引导学生从嗅觉、味觉去体会）

谁来当当小白鼠娜娜，读读这句话？

4. 拓展：如果你是娜娜，你会怎样介绍红色呢？（展示画面：枫叶、苹果、草莓、红玫瑰等）比比谁的介绍更能让盲象感受到画面。

出示语言训练句式：

红色还是_____的颜色，就像_____的样子。

（三）品味"黄色、蓝色"，进行语言创造训练。

1. 出示画面，学生猜测娜娜会怎么介绍黄色和蓝色。

娜娜让末末感受了温暖的红色，接着，又给他介绍了什么颜色？到底是不是这样呢？你们看（出示图），这两幅图可没有文字啊。到底娜娜会怎么介绍黄色和蓝色呢？你们来猜猜。选一种颜色说说，比比谁的介绍更能让末末感受到。

出示语言训练句式：

娜娜说："＿＿。"

2. 指名说，同桌互说。

3. 课件展示文字，分角色读。

4. 末末为什么喜欢黄色和蓝色？

（四）自主品读"绿色、白色、黑色"，感受友谊的温暖。

过渡：接下来，娜娜还给末末介绍了什么颜色？出示绿色、白色和黑色图片。

1. 拿出绘本，自主阅读"绿色""白色"和"黑色"。

2. 说说娜娜是怎么介绍的。

3. 末末是一只盲象，他感受最多的是什么颜色？（黑色）请你闭上眼睛，你觉得黑色是什么感觉？

三、从绘本延伸到生活，感知友谊的美丽

1. 过渡导入：这时，娜娜问了末末一个问题："好了，末末，现在说说吧，你最喜欢什么颜色？"

219

2. 猜猜看，末末会怎么回答？说说你的理由。

_____

_____

3. 一起看大屏幕，看看你说对了没有。

（点击）娜娜喜欢什么颜色呀？

4. 你们说得到底对不对呢？看大屏幕，读读原因吧。

"因为我有一个好朋友，她让我的生命变得丰富多彩，而且是一只小白鼠，所以我最喜欢白色。"

5. 引申

这白色仅仅是白色吗？它还代表着什么？（友谊、关爱、帮助）

6. 读句子：友谊是最美丽的色彩。

是的，因为有了善良的娜娜的帮助，盲象末末感受到了人间的温暖，感受到了多姿多彩的美丽世界。所以我们说，友谊就是最美丽的色彩。让我们一起读读这句话。

7. 总结

孩子们，生活中每个人都有自己的弱点，都需要别人的帮助和友谊。如果大家都能像娜娜和末末一样，用想象、用心来互相帮助，友谊会变得丰富多彩，人生也会变得五彩斑斓。

学习活动二：创编绘本 珍惜友谊

☆ **活动目标：**

1. 通过创编介绍形状的绘本，培养语言能力和创新思维能力。

2. 在表演和交流中体验合作带来的快乐，尽享友谊之果的甘甜。

☆ **活动时间：** 40分钟（1课时）

☆ **活动准备：** 彩笔　图画纸

☆ **学习领域：** 语文　综合活动

☆ **活动过程：**

一、创编故事

1. 谈话激趣，营造创编的氛围。

娜娜和末末就像童话里说的一样，天天幸福又快乐！末末是一只盲象，看不见颜色，也看不见形状，什么都看不见。聪明的小朋友，猜猜娜娜除了给末末介绍各种各样的颜色，还会为末末介绍什么呢？比如形状、风景、事物……

2. 出示描述颜色的句子，让学生有例可循。

读一读：

句子1：红色还是一种非常温暖的颜色，就像樱桃和西红柿在太阳的照耀下慢慢熟透了的样子。

句子2：阳光照在你的背上，那种暖洋洋的感觉就是黄色。黄色的味道就像柠檬和香蕉混在一起，感觉酸酸的、甜甜的。

……

3. 今天，我们就来当当小作家，一起编写一本娜娜给末末介绍形状的绘本，好不好？

二、同桌合作编故事

请大家把书本放在桌角，拿出课前画的那张画。你想给末末介绍什么形状呢？可以是你们课前画的形状，也可以是不同的形状。马上动笔写吧。完成阅读学习单一。

三、交流创编的故事

1. 同桌的两个人上台表演，要求声音洪亮，富有表情。

2. 说说为什么这样编故事。

3. 其他小组可以补充不同的想法，提出修改意见。

四、合作修改故事

1. 根据同学的意见，同桌合作修改作品。

2. 选择准备展示的作品。

五、欣赏自编绘本

1. 把同学们编的《你是我最好的朋友》装订成一本书，作为绘本《你是我最好的朋友》系列之二，在班内展示。

2. 采用多种形式，读自己编的绘本。

六、延伸再编绘本

如果有兴趣，你们还可以编《你是我最好的朋友》系列之三、之四哦！

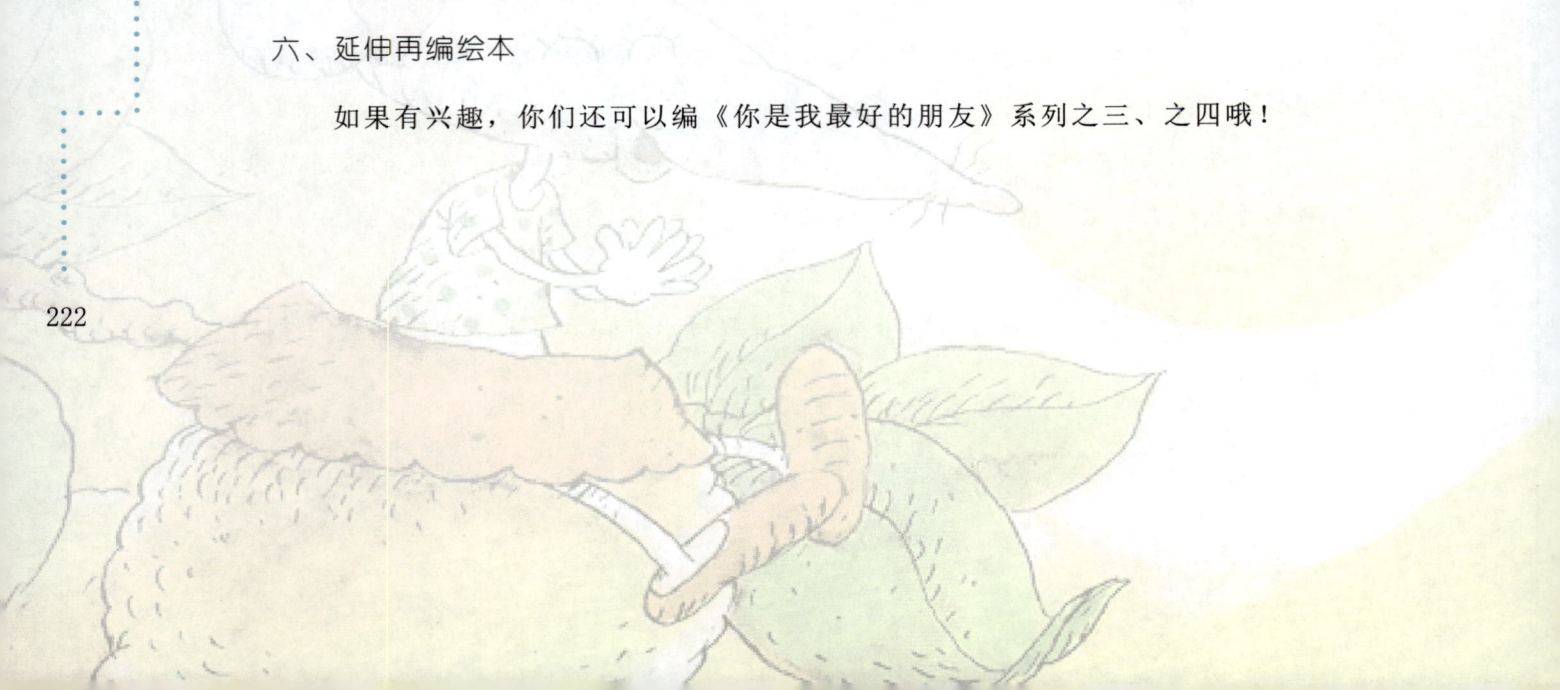

学习活动三：拓展阅读 升华友谊

☆ **活动目标：**

1. 懂得尊重残疾人，能设身处地地为他人着想。

2. 懂得朋友间只有互相帮助，互相尊重，才能拥有真挚的友谊。

3. 激发阅读"聪明豆绘本系列第三辑"其余 7 册的兴趣，引导学生走上爱阅读的康庄大道。

☆ **活动时间：** 40分钟（1课时）

☆ **活动准备：** 绘本　彩笔　图画纸

☆ **学习领域：** 语文　综合活动

☆ **活动过程：**

一、谈话导入

通过前两节课的学习，我们知道末末在娜娜的帮助下，感受到了五彩缤纷的世界。这一天，末末和娜娜又碰到了阿宝那帮家伙，瞧，阿宝他们又在嘲笑末末是盲象了。

二、自读绘本，了解故事的结尾

1. 展示绘本，教师讲故事。

2. 展示绘本图画，猜测内容。

听了阿宝他们的嘲笑，末末是怎么回答的呢？

三、小组合作，分角色表演

三人当阿宝一伙，一人当末末，一人当娜娜。

四、说一说

现实生活中，你见过像末末一样的残疾人吗？举例说一说。

五、演一演

角色体验盲人、聋人、手脚残疾的人，说一说残疾人的不幸。

六、讨论

如果身边有残疾人，我们应该怎么做？

A.像阿宝一样，嘲笑、讽刺、挖苦。

B.事不关己，高高挂起。

C.像娜娜一样，给予尊重、理解、帮助。

七、读一读，说一说

末末如何应对阿宝他们的嘲笑？

八、写一写，完成阅读学习单二

九、推荐好书，拓展阅读

1. 我们读了绘本《你是我最好的朋友》，这本书是"聪明豆绘本系列"中的一本。
2. 出示"聪明豆绘本系列"的封面。

"聪明豆绘本系列"精选了世界各地的优秀图画书，它用轻松幽默的文字、充满想象的图画、妙趣横生的故事，让我们明白什么是真正的友谊，如何去获得真正的友谊。同学们在课外可以阅读这些书，希望这8颗"聪明豆"，在你们的心里播撒珍惜友谊的种子，让友谊之花在我们身边欣然绽放。

阅读学习单一：我会"编"会"说"又会"画"

请同学们把书本放在桌角，拿出课前画的那张画。你想给末末介绍什么形状呢？可以是你们课前画的形状，也可以是不同的形状。

我还会为末末介绍自己最喜欢的形状呢！

"_____

_____

_____"娜娜笑着说。

末末高兴地说："_____

_____

_____

_____

_____。"

阅读学习单二：我对友谊的理解

写一写，你觉得友谊是什么？请写下来，贴在友谊树上。

友谊是＿＿＿＿＿＿＿＿＿＿＿＿＿＿＿＿＿＿＿＿＿＿＿

＿＿＿＿＿＿＿＿＿＿＿＿＿＿＿＿＿＿＿＿＿＿＿＿＿＿＿

＿＿＿＿＿＿＿＿＿＿＿＿＿＿＿＿＿＿＿＿＿＿＿＿＿＿＿

＿＿＿＿＿＿＿＿＿＿＿＿＿＿＿＿＿＿＿＿＿＿＿＿＿＿＿

＿＿＿＿＿＿＿＿＿＿＿＿＿＿＿＿＿＿＿＿＿＿＿＿＿＿＿

温馨绘本——

你是我最好的朋友

227

逃家小兔

★ **设计者：** 柯莉莉　福建省漳州市实验小学

★ **适用年级：** 二年级

★ **教学时间：** 40 分钟（1 课时）

★ **教学准备：** 绘本《逃家小兔》　课件

★ **学习领域：** 阅读　生活

★ **教学目标：**

1. 教给孩子自主阅读绘本的方法，培养独立阅读的能力。

2. 根据低年级学生阅读的经历，采用绘本来引导学生的课外阅读，培养想象、表达能力，激发课外阅读的兴趣，提高学生语文综合素养。

★ **内容简介：**

　　小兔子对妈妈说："我要跑走啦！"

　　"如果你跑走了，"妈妈说，"我就去追你，因为你是我的小宝贝呀！"

　　一场爱的捉迷藏就此展开……

教学内容

一、读封面

1. 首先我们看到的是封面，这是进入故事的第一道大门。封面里藏着一些信息，你找到了什么？

想想这些文字要告诉我们什么？

我们来猜猜这本书讲的是关于谁的故事？

你最想知道什么？

2. 咱们往下翻，封面的下面还有版权页、扉页、作者介绍等，我们可以简略地看看。

看着这个书名，我们知道小兔子要离开家了，它和妈妈正卧在家门口的草丛里，猜猜它会对妈妈说什么？妈妈又是怎么回答的呢？

封底的第一段话，做出了回答，赶紧读一读这段话。

二、指导阅读，领悟方法

出示黑白图

1. 小兔与兔妈妈展开怎样的游戏？现在我们就进入正文。正文中有图也有文字，你想先读什么？

2. 先看看这两幅插图，你从图上看出了什么？（提示：小兔在哪儿？它在做什么？它的妈妈在哪里呢？）

3. 快看看，我们猜对了吗？赶快自己读一读文字。

遇到不会的字怎么办？（查字典、问别人、猜字、跳读……）

4. 接着翻过来看看，真有意思，你发现这幅图跟前面的那幅有什么不一样了吗？（彩色、没有文字……）

仔细看看，图上的小兔和妈妈在做什么？小兔被抓到了吗？

5. 那你能结合刚才的文字，看着图说一说小兔变成小鱼逃家的故事吗？要让图中的小兔和兔妈妈也能活动，会说话哦。（加进自己的想象，把故事编得精彩。看来展

开想象，也是阅读绘本的一把钥匙。）

6. 逃家小兔还会想出什么好计策呢？

三、自主阅读，体验故事

1. 答案就在书上，想不想读？还记得学到的读书方法吗？

遇到不会的字可以查字典，看图时要仔细观察，还要图文结合，展开想象。咱们先明确读书要求。（出示要求）赶紧打开第一幅彩图，自己接着来读读故事吧。

2. 交流

咱们来交流汇报：

小兔和妈妈分别变成了什么？（石头、小鸟、小花、帆船……一共变了七次）

四、品味图文，感悟主题

1. 让我们再回忆一下那些画面和文字，你最喜欢小兔的哪次变化？

根据学生的回答，相机展示彩图，指导学生图文结合地读故事，培养想象、观察和表达能力。

2. 细心的同学可能还发现，文中的对话也很有特色。

（出示后两次对话）

我们看看这两次对话，你发现了什么特点？（一问一答，它们的对话内容是有承接的。）

如果你也是逃家小兔，你还能想出什么好办法吗？能用"如果……就……"的句式往下说一说吗？

如果你变成妈妈，我就变成……

五、读结尾，升华主题

逃家小兔最后逃走了吗？它为什么不逃了？

咱们还可以细细地品读，找找还有哪些爱的痕迹。也可以展开想象，给家人讲讲这个精彩的故事。

六、推荐书目

如果你们也想知道自己的妈妈有多爱你的话，向大家推荐绘本《猜猜我有多爱你》，跟妈妈一起读一读吧。别忘了用上阅读的方法哦。

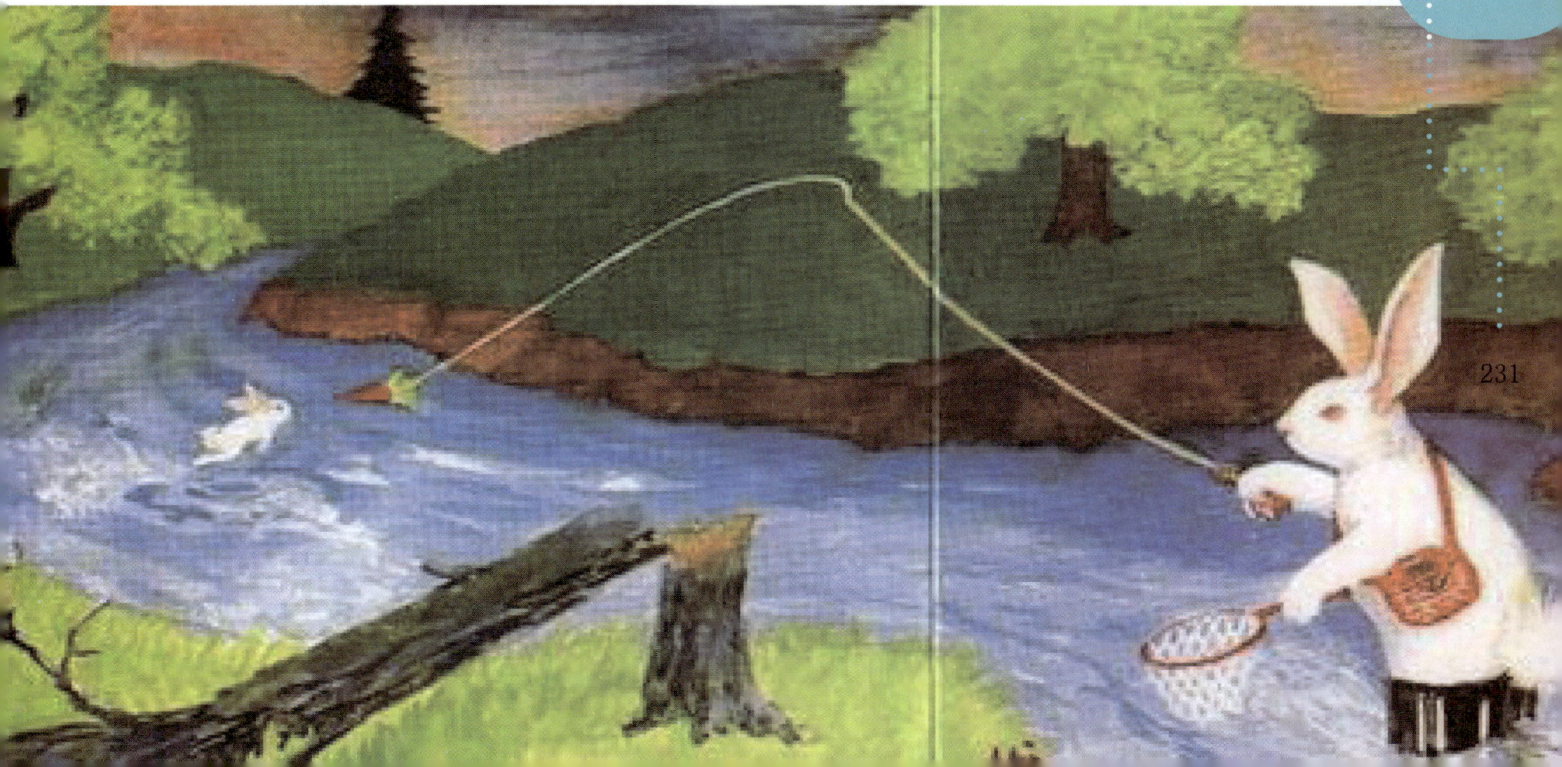

蚂蚁和西瓜

★设计者：林瑞春　福建省泉州师范学院附属丰泽小学

★适用年级：二年级
★教学时间：120分钟（3课时）
★教学准备：阅读《蚂蚁和西瓜》
★学习领域：性格培养　艺术与科学
　　　　　　语文综合实践活动

★教学目标：

1. 让学生初步了解绘本，学会读图和读文相结合，通过适时引导，激发学生的想象力，增强学生的口头表达能力。

2. 通过阅读绘本里的细节，想象蚂蚁的动作、表情、语言和心理活动，感受蚂蚁在解决问题时善于合作、乐观、善于创新的精神，调动学生的读书热情。

3. 鼓励学生借助互联网等手段，了解蚂蚁的相关知识，培养学生搜集、筛选信息的能力，鼓励学生跳出书本看世界，扩大知识面。

★内容简介：

　　《蚂蚁和西瓜》是一本极富趣味性的图画书。漫画似的夸张，简单的线条，让这本书从头至尾都散发出一种轻松、幽默的味道。一块西瓜在蚂蚁看来，多么庞大，多么诱人。为了把好吃的西瓜带回家，蚂蚁们集体出动……先把家里装满，再痛快地饱餐一顿，最后还在西瓜上玩滑梯。

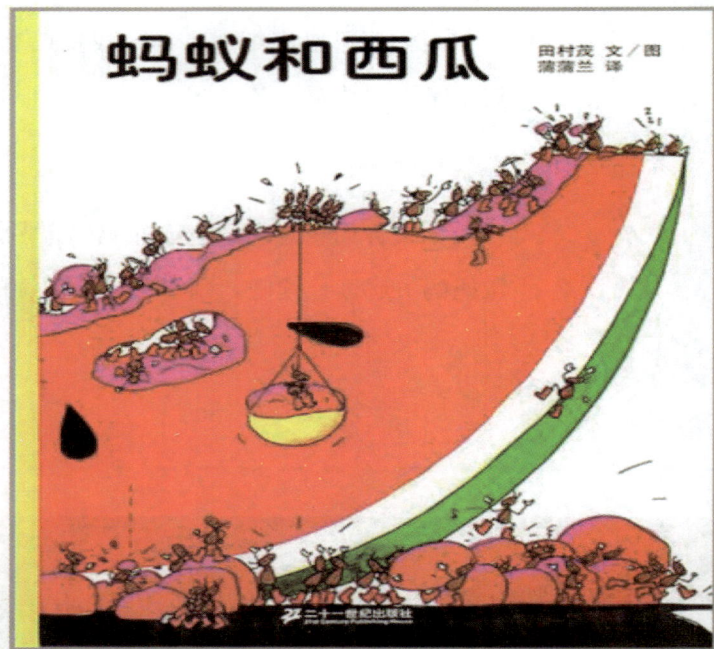

学习活动一：奇妙的西瓜皮

☆ **活动目标：**

1. 通过本节课的引导，感受通过阅读绘本里的细节，想象人物或者动物的动作、表情、语言和心理活动所带来的乐趣，调动学生的读书热情。

2. 培养学生善于观察、勤于思考、流利表达的阅读习惯。

3. 通过适时引导，激发学生的想象力，提高学生的口头表达能力，课外能创造性地用多种形式创编故事。

☆ **活动时间：** 40分钟（1课时）

☆ **活动准备：** 课件

☆ **学习领域：** 语文（想象与语言表达）

☆ **活动过程：**

一、激趣导入

1. 播放视频《蚂蚁搬豆》，激发学生兴趣。

2. 当小蚂蚁遇上大西瓜，会发生什么事？让我们踏上想象之旅，一起走进新奇而有趣的绘本——《蚂蚁和西瓜》。

二、共读封面和封底

师：观察封面和封底，你从封面和封底上知道了什么？

（封面和封底合起来就是一幅完整的画）

师：你能描述一下图中的场景吗？

引导学生抓住画面中的每个细节和边角进行观察。

三、共读扉页

师：翻过环衬，绿底的扉页就出现在我们的眼前。咦，这些人在干什么？他们和我们今天要读的故事有什么关系吗？

233

四、共读绘本

（一）请同学们自由读绘本，整体感知绘本内容。

（二）和同桌讨论：绘本中哪些内容让你觉得最有趣？

（三）学生自由发言：

1. 大西瓜、小蚂蚁

（1）（出示图）认真观察图，请用简单的话语描述一下图画内容。

指名说： 在一个炎热的下午，小蚂蚁们发现了一块大西瓜，这西瓜真大呀！简直就是一座摩天大楼。

（2）师引导：请同学们观察西瓜。看看它的颜色，想想它的味道，如果咬上一口呢？

☆ 请你试着用叠词来说一说。

西瓜的肉（　　　　）的，皮（　　　　）的，（　　　　）的，如果咬上一口，肯定（　　　　　　）的，叫你越吃越爱吃。

（3）多么诱人的西瓜呀，老师都忍不住想吃上一口，更何况是小蚂蚁。

2. 海滨西瓜皮游乐场

（1）生：老师，我觉得最有趣的是最后一张图，蚂蚁们在吃完的西瓜皮上尽情玩耍。

（2）师：你观察得真仔细。西瓜吃完了，可以拿西瓜皮做什么？

（3）学生自由发挥想象。

（4）师：你能用这样的句式说一说吗？（出示例句）

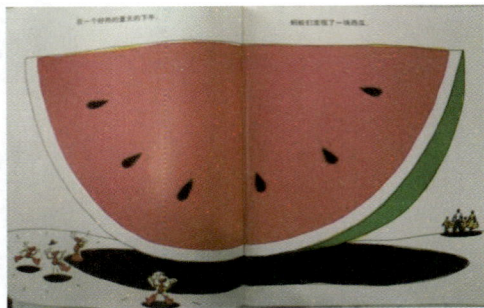

蚂蚁们在吃完的西瓜皮上尽情玩耍着。它们有的把西瓜皮当作＿＿＿＿＿＿＿；有的把西瓜皮当作＿＿＿＿＿＿＿；有的把西瓜皮当作＿＿＿＿＿＿＿；还有的把西瓜皮当作＿＿＿＿＿＿。

（5）如果是你，你会把西瓜皮当作什么？

（四）总结延伸

1. 读了这个故事，你印象最深刻的情节是什么？你从中学到了什么？

2. 我们应该怎么读绘本？

学生自由发言，师小结：读一本书，我们可以先认识作者，看看封面、封底及扉页，接着浏览内容提要，猜想内容，然后阅读正文，最后想想从中悟到了什么。

五、布置作业：用学过的方法，读自己喜欢的绘本

1. 用自己喜欢的方式把这个故事讲给家长听。

2. 推荐阅读克里斯·范奥尔伯格的《两只坏蚂蚁》；推荐电影《虫虫特工队》。

温馨绘本——
蚂蚁和西瓜

学习活动二：蚂蚁大观园

☆ **活动目标：**

1. 通过查找课外资料或互联网等，自主探索并讨论蚂蚁的外形特征和生活习性，了解蚂蚁的种类、文化历史、功用等。

2. 回忆绘本故事《蚂蚁和西瓜》的主要情节及蚂蚁的各种表情和动作，进一步感知蚂蚁的生活特点，感受绘本色彩简约、情趣生动的美。

3. 大胆想象，体验用不同的绘画方式表现蚂蚁的各种动态。

☆ **活动时间：** 40分钟（1课时）

☆ **活动准备：** 课前查找资料，了解蚂蚁的有关知识及搜集相关图片　绘画工具

☆ **学习领域：** 艺术与科学　互联网（搜集、筛选信息）

☆ **活动过程：**

一、猜谜导入

1. 师：同学们，我们来猜谜语好吗？请你猜猜这是什么动物？

排队地上跑，身体细又小，做事最勤劳，纪律第一好。（猜一昆虫）

课前，老师让同学们去搜集有关蚂蚁的图片或资料，请一位同学先给大家介绍一下吧。

2. 学生介绍搜集到的有关蚂蚁的资料。

（1）介绍蚂蚁的身体特征及生活习性。

（2）介绍蚂蚁的种类。

（3）介绍蚂蚁的功用。

（4）介绍蚂蚁的文化历史。

二、忙碌的蚂蚁王国

1. 师：现在我们已经对蚂蚁有了一些了解。（出示图片）看！这就是蚂蚁王国！把你们觉得最有意思的地方找出来。

2. 学生认真观察，自由发言。

3. 学生充当"小导游"，带领众同学来一场"蚂蚁王国游记"。

三、创意蚂蚁我来画

1. 师小结，然后引导学生感受绘本中蚂蚁色彩简约

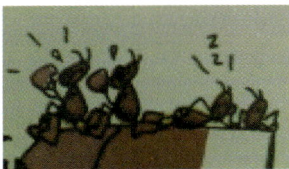

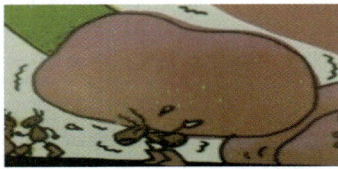

（1）引导学生观察蚂蚁的表情。

（2）引导学生观察线条符号添加的作用。

2. 出示有关蚂蚁的创意画，引导学生体会蚂蚁的各种形态。

3. 学生进行创意绘画。

学习活动三：小蚂蚁，大智慧

☆ **活动目标：**

1. 通过对图画书中细节的阅读，培养孩子的想象力，大致感受读书的快乐，感受蚂蚁在解决问题时善于合作、创新、乐观、团结的精神。

2. 模仿小蚂蚁的动作，充分体验游戏带来的快乐。

☆ **活动时间：** 40分钟（1课时）

☆ **活动准备：** 课件

☆ **学习领域：** 性格培养　语文

☆ **活动过程：**

一、谁是"领头蚁"

1. 师：同学们，班级里，班长是我们的"领头羊"，带领我们学习。在这群蚂蚁中，也有一只"领头蚁"，你发现了吗？

2. 学生观察画面，寻找那只与众不同的蚂蚁。（认识"帽子哥"）

3. "帽子哥"的身影都出现在哪些地方？请你找一找。

（1）蚂蚁遇到第一次困难时，是谁先搬的西瓜？（"帽子哥"）

（2）是谁跑回蚂蚁穴叫同伴来搬西瓜？（"帽子哥"）

（3）大家一起搬西瓜时，是谁站在最前面？（"帽子哥"）

（4）用杠杆搬西瓜时是谁指挥大家？（"帽子哥"）

（5）怎么搬也搬不动，是谁想出来用铲子铲西瓜瓤这个办法的？（"帽子哥"）

4. 与学生一同进行总结，"帽子哥"不怕苦不怕累，事事冲在最前面，而其他蚂蚁也能够听从它的指挥，大家很团结，所以，才能够克服很多困难。

二、蚁军搬瓜

1. 师：西瓜真大真好吃，"帽子哥"要和蚂蚁们一起搬西瓜，它们是怎么搬的，又会想出什么办法呢？引导学生观察绘本，集体体验蚂蚁在搬西瓜过程中滑稽可爱的动作。

2. 观察图三。（出示图，师引读象声词，生回答）

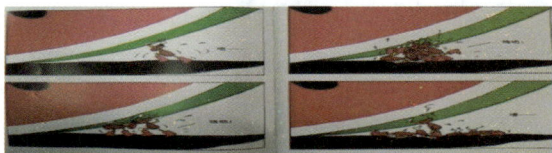

师：一只蚂蚁来使劲，嗯！生：可是，西瓜却_____。

师：两只蚂蚁来加油，嗨哟！生：可是，西瓜还是_____。

师：四只蚂蚁齐上阵，嗨哟！生：可是，西瓜依然还是_____。

3. 师：怎么办？到手的美食就这样飞了吗？引导观察图8、图10，进一步感知蚂蚁团结、爱动脑筋、勤劳的优点。（引导学生用连接词：有的……有的……还有的……来描述蚂蚁劳动的场景）

【教学准备】视频、课件

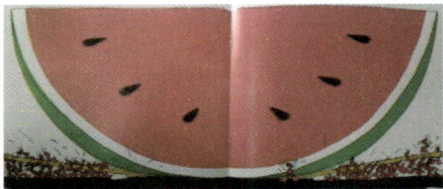

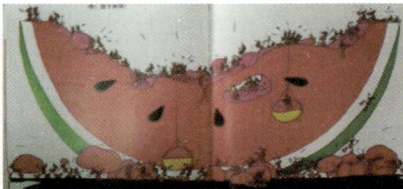

4. 假如你是"帽子哥"，你要怎么指挥蚂蚁大军搬西瓜呢？请同学们上来表演"蚂蚁搬西瓜"。

5. 你还能想出哪些搬西瓜的方法？

三、拓展延伸

1. 小小蚂蚁为什么能搬动大西瓜呢？请同学们自由发言。

2. 这本绘本读完了，你们喜欢吗？

3. 介绍其他绘本。

像这样的绘本还有很多，比如《我爸爸》《我妈妈》《爷爷一定有办法》《花婆婆》等，同学们不妨读一读。

四、完成阅读学习单

五、作业：课外查查资料，了解一下还有哪些小动物也体现了"团结力量大"的精神

239

阅读学习单

读绘本，填一填

1. 书名：＿＿＿＿＿＿＿＿＿＿＿＿＿＿＿＿＿＿
   作者：＿＿＿＿＿＿＿＿＿＿＿＿＿＿＿＿＿＿

2. 观察封面与封底，你发现了什么？

3. 你觉得最有意思的地方在哪里？

4. 蚂蚁们发现了大西瓜，它们怎么搬西瓜？你还能替它们想出什么办法吗？

5. 看到西瓜皮，你想到了什么？

6. 绘本里有一只与众不同的蚂蚁，你能把它找出来吗？

7. 和家长一起查找蚂蚁的相关资料。

8. 你还想阅读哪些绘本？

蚂蚁和西瓜

★ **设计者**：陈张琦　福建省福州市国货路小学

★ **适用年级**：一～四年级

★ **教学时间**：120分钟（3课时）

★ **教学准备**：阅读《蚂蚁和西瓜》

★ **学习领域**：语文　人文　综合实践
科学与自然

★ **教学目标**：

1. 了解故事的内容，能在阅读中感受故事的有趣。

2. 能清晰表述故事，培养学生的语言表达能力。

3. 引导学生观察图画，激发学生的观察潜能。

4. 小组合作完成任务，感受团体协作的快乐。

5. 大胆想象，丰富故事的内容。

6. 饲养蚂蚁，感受大自然的奇妙。

★ **内容简介**：

《蚂蚁和西瓜》是一本极富趣味性的图画书。漫画似的夸张和简单的线条，让这本书从头至尾都散发出一种轻松、幽默的味道。在一个炎热的下午，几只小蚂蚁发现了游客丢掉的一大块西瓜。一块西瓜在小蚂蚁看来，多么的庞大，多么的诱人！为了把好吃的西瓜带回家，小蚂蚁们集体出动……先把家里装满，再痛快地饱餐一顿，最后还在西瓜上玩滑梯。

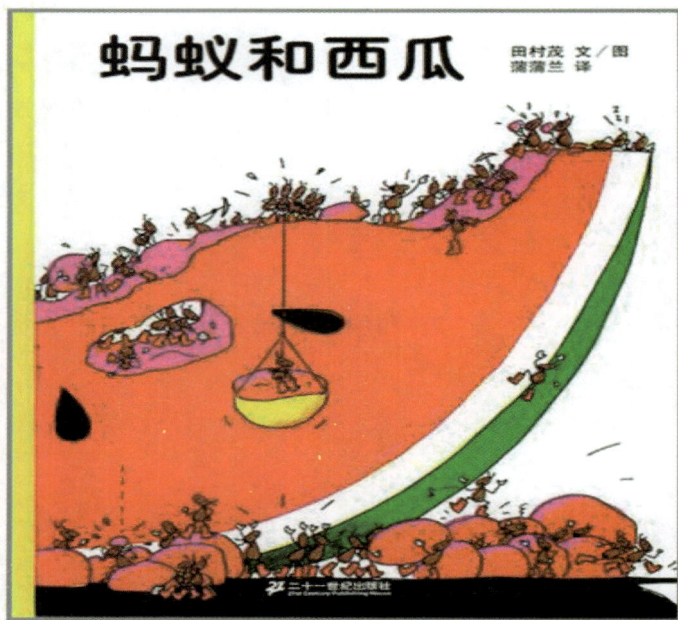

学习活动一：我是小小故事家

☆ **活动目标：**

1. 了解故事的内容，能在阅读中感受故事的有趣。

2. 能清晰表述故事，培养孩子的语言表达能力。

☆ **活动时间：** 40分钟（1课时）

☆ **活动准备：**《蚂蚁和西瓜》的PPT 故事评比小奖章 动画片《虫虫特工队》

☆ **学习领域：** 语文（阅读 口语交际） 综合活动

☆ **活动过程：**

一、我来猜谜想故事

1. 个子不大，能量不小，团结互助，勇敢勤劳，

能啃骨头，会挖地道，行军作战，井井有条。（蚂蚁）

2. 当小蚂蚁碰上甜津津的大西瓜的时候，又会发生怎样的故事呢？

先让学生想象，再出示故事PPT。

二、我是小小故事家

1. 第一遍：老师带着学生一起读故事，把文字读通。

2. 第二遍：和同桌一起图文配合读故事。

3. 第三遍：在4人小组中，讲自己感受到的书本的故事，挑选一名代表到台前讲。

活动中，评选故事大王：

①声音响亮奖 ②故事生动奖 ③勇气进步奖 ④表情生动奖

三、我和佳片来约会

《虫虫特工队》是根据《伊索寓言·蚂蚁和蚱蜢》改编的电影。影片讲述了一群小蚂蚁为了摆脱蝗虫的殖民统治，争取家园自由，协同马戏团的一帮逃兵——几只菜鸟虫虫，合力对抗生猛强大的蝗虫。

影片中的小蚂蚁和故事中的蚂蚁有什么相同的地方呢？

243

学习活动二：我有火眼金睛

☆ **活动目标：**

1. 引导学生观察图画，激发学生的观察潜能。

2. 小组合作完成任务，感受团体协作的快乐。

☆ **活动时间：** 40分钟（1课时）

☆ **活动准备：** 画笔　大张白纸　小蚂蚁头饰数个

绘本《小黑鱼》或者《101个蝌蚪宝宝》

☆ **学习领域：** 语文（阅读　观察）　综合活动

☆ **活动过程：**

一、温故知新说故事

邀请两个学生把看过的《蚂蚁和西瓜》的故事说一遍。

二、老师带你来观察

1. 发现封面、封底、扉页、跨页的秘密。

（让学生在潜移默化中学会阅读绘本的方法。）

2. 寻找故事中的主角——小黑帽。

（带上小黑帽，玩"小黑帽在哪里"的游戏。）

三、我和伙伴有慧眼

1. 小组合作发现每一页中的细微之处、潜藏的秘密。

2. 挑选最喜欢的一个部分，合作演一演。

（表演神似即可，重在培养学生的观察能力。）

四、我们一起画蚂蚁

1. 夸夸小蚂蚁。（团结、努力、智慧、关心同伴……）

2. 团结是小蚂蚁身上最让人佩服的地方。团结就是力量，团结会创造奇迹。

阅读绘本《小黑鱼》《101个蝌蚪宝宝》。

3. 小组合作完成一幅《蚂蚁协作图》。

可以是书本的模仿，也可以是自己的新创作。

4. 作品展示，说说合作"小插曲"。

（引导学生认识团结协作的好处。）

学习活动三：我和蚂蚁做朋友

☆ **活动目标：**

1. 大胆想象，丰富故事的内容。

2. 饲养蚂蚁，感受大自然的奇妙。

☆ **活动时间：** 40分钟（1课时）

☆ **活动准备：** 捕捉几只蚂蚁装瓶（或者购买"蚂蚁工坊"）

绘本《米莉的帽子变变变》《蚂蚁》

《今森光彦的昆虫教室》《最美的昆虫记·蚂蚁》

☆ **学习领域：** 语文（想象）　综合活动

☆ **活动过程：**

一、奇妙的蚂蚁世界

1. 阅读绘本《蚂蚁》。

2. 认识奇特的蚂蚁种类。

子弹蚁：剧毒刺客　　　红火蚁：暴力工兵

黄尼蚁：断电专家　　　爆炸蚂蚁：舍己为人

二、有趣的蚂蚁"视界"

1. 蚂蚁是弱小的又是强大的，在蚂蚁的眼中，这个世界的事物又是什么样的呢？

一片叶子　一朵蒲公英　一块石头　一个磁盘子　……

2. 阅读《米莉的帽子变变变》，激发学生想象力。

3. 仿写小诗《哇，我发现了》。

哇，我发现了

哇，我发现了

一片树叶

这是我的摇篮床

这是我的滑滑梯

多么幸运和快乐！

三、神秘的蚂蚁生活

1. 阅读《今森光彦的昆虫教室》。

2. 一起到室外捕捉蚂蚁，饲养蚂蚁。

3. 延伸阅读绘本《最美的昆虫记·蚂蚁》。

ZHI HUI YU YAN

智慧寓言

寓言是一个魔袋，袋子很小，

却能从里面取出很多东西来，

甚至能取出比袋子大得多的东西。

寓言是一个怪物，当它朝你走过来的时候，

分明是一个故事，生动活泼；

而当它转身要走开的时候，

却突然变成了一个哲理，严肃认真。

—— 我国著名儿童文学作家严文井

伊索寓言

★设计者：吴艺萍　福建省南安市金淘中心小学

★适用年级：四年级

★教学时间：80分钟（2课时）

★教学准备：阅读《伊索寓言》

★学习领域：语文　综合活动

★教学目标：

1. 知识与能力

（1）提高学生课外阅读的兴趣，养成良好的阅读习惯。

（2）在活动中，潜移默化地进行阅读方法的指导，培养学生的语言表达能力、想象能力，形成初步的鉴赏能力。

（3）根据理解，多角度地概括寓意。

（4）培养学生的课外阅读能力，学会积累等。

2. 情感与态度

使学生在阅读寓言故事的过程中深深感受到寓意对人的教化作用，在阅读中体会深刻的思想精髓，同时学会用质疑的眼光分析故事内容。

3. 过程与方法

注重教师的引导，用朗读法、品读法、分析法、质疑法等品读作品。

★内容简介：

《伊索寓言》通过简短的小寓言故事，来体现日常生活中不易察觉的真理。这些小故事各具魅力，言简意赅，几乎家喻户晓：龟兔赛跑、牧童恶作剧、狼来了……《伊索寓言》已成为西方寓言文学的范本，亦是世界上流传最广的经典作品之一。

学习活动一：认识有益的课外书

☆ **活动目标：**

1. 让学生认识更多有益的课外书籍，从而进一步提高课外阅读的兴趣。

2. 通过阅读让学生养成良好的阅读习惯。

3. 在阅读的过程中让孩子体会到阅读的乐趣。

4. 在活动中，潜移默化地进行阅读方法的指导。

5. 培养学生的语言表达能力、想象能力，形成初步的鉴赏能力。

☆ **活动时间：** 40分钟（1课时）

☆ **活动准备：** 每人一本《伊索寓言》 课件

☆ **学习领域：** 语文 综合活动

☆ **活动过程：**

一、谈话导入

1. 出示投影：一个大大的"聪"字。

同学们想变聪明吗？告诉你们一个好办法，那就是阅读。

2. 你能说一说有关读书的名言吗？

二、交流方法

从这些名人名言中，我们可以看出，书的确是好东西。既然是好东西就应该和大家分享，对吗？今天，我们就来分享好书——好书大家看。你们喜欢看书吗？看了哪些课外书呢？你是怎么看这些书的？

三、学生交流

四、总结

听了大家的介绍，各有千秋。其实，看书也是有方法的，今天，我们就以手中的书为例，学习怎样完整地看书。我们带来的书是《伊索寓言》，这是一本奇书。

关于《伊索寓言》，喜剧作家阿里斯托芬的一句话值得大家一读："你连伊索寓言都没读熟，可见你是多么无知和懒惰。"确实，《伊索寓言》是世界上一部最古老的寓言集，也是世界上读者量最多的一本书。

读了这条信息，你想说什么？（学生交流）

五、如何阅读寓言——走进《伊索寓言》

1. 拿到这本书，你认为应该先看什么？

2. 从作者简介中你了解到什么？请简单介绍一下。（加入材料：伊索介绍）

3. 看目录。

目录可以体现作者的思路，通过看目录，可以了解所看书的大概内容，所以我们看书，还要学会看目录。

（1）我们先看看目录中有什么内容。

（2）从目录中你能了解到什么信息？（请学生自由发言）

《伊索寓言》一共10卷，故事中的角色大多是动物或与动物打交道的人，出现频率最高的有狼、狮子、狗、牧人、渔夫……

通过目录我们可以知道许多信息。

4. 接下来要看什么？（序言）

教师介绍序言的作用：

序，又名"序言""前言""引言"，是放在著作正文之前的文章。作者自己写的叫"自序"，比较简单的作者序有时也用作"前言"。我们可以用浏览的方式来看序言部分。

交流：你从序言中了解到了什么？

5. 我们读了目录、作者简介、序言，对文章和作者有了大致的了解，不妨合上书本，先想一下你想知道什么；或猜想一下故事情节，再打开书看。我想，肯定会别有一番感受。我们会因为故事情节被自己猜中而欢呼雀跃，会因为书中的精彩描述而惊叹，你们有兴趣来猜想一下吗？

6. 学生发挥想象，自由猜想。

学习活动二：精彩片段赏析

☆ **活动目标：**

1. 根据理解，多角度地概括寓意。

2. 培养学生的课外阅读能力，学会积累。

3. 使学生在阅读寓言故事的过程中，深深感受到寓意对人的教化作用，在名著阅读中，体会深刻的思想精髓，同时学会用质疑的眼光分析故事内容。

☆ **活动时间：** 40分钟（1课时）

☆ **活动准备：**《伊索寓言》有关片段　课件

☆ **学习领域：** 语文　综合

☆ **活动过程：**

一、片段欣赏

1. 书后摘录了作品中几个精彩的片段，请大家欣赏。（分组出示文中片段）

第一组：公鸡和宝玉

一只公鸡在田野里为自己和母鸡们寻找食物，他发现了一块宝玉，便对宝玉说："若不是我，而是你的主人找到了你，他会非常珍惜地把你捡起来；但我发现了你却毫无用处。我与其得到世界上一切宝玉，倒不如得到一颗麦子好。"

用你喜欢的方法读这段文字。刚才，你是怎么读这段话的？（细细地读，边读边想象）

除了读还要想，请你再细细地读这段文字，你想到了什么？心中有什么想说的？（学生交流）

传神的文字告诉我们，自己需要的东西才是真正珍贵的。这就是我们从这段文字中感悟出来的。我们读这样优美、经典的语段，就可以用这样的方法来读，边读边想象，再感悟。就用这种方法读读下面的两段话，相信你会有新的收获。

253

第二组：两只口袋

普罗米修斯创造了人，又在他们每人脖子上挂了两只口袋，一只装别人的缺点，另一只装自己的。他把那只装别人缺点的口袋挂在胸前，另一只则挂在背后。因此人们总是能够很快地看见别人的缺点，而自己的却总看不见。

学生读文，交流：你读出了什么？联系自己的生活实际谈谈自己的想法。

师：你们很会阅读，除了会看，还会思考，把你们刚才的那番感悟写在这段文字的旁边，就是一篇非常好的读书笔记，也可以把它摘录下来，不时去看看，肯定会有所启发。

2.《伊索寓言》是古希腊人民留给世界的一笔精神遗产。请大家继续阅读此书，联系自己的生活经验，思索书中的思想精髓，体会其中蕴涵的人生智慧，揣摩幽默诙谐的语言。读完后，将你读到的有趣的故事讲给你的父母、朋友、同学听听。

让我们用眼、用心去通读，读完整本书，细细去品味这本世界上最古老的寓言集。

二、阅读，让我们终身受益

最后送一首诗给大家，愿大家一生与书为伴，让阅读成为终身的习惯。

阅读，是一种享受，
帮我打开心灵的窗户，
让我走进那个五彩缤纷的世界。
阅读，是一位老师，
教会我更多的知识。
阅读，是一位向导，
引领着我走出困惑和迷茫。
阅读，是一束阳光，
照耀着我漫长的人生道路。
阅读，是一朵朵五颜六色的鲜花，
装扮着我五彩斑斓的内心世界。

三、作业

1. 继续阅读《伊索寓言》。

2. 要养成"不动笔墨不读书"的好习惯。如果是自己的书，可以在书上圈圈画画，也可以在书上记下自己的感想和体会。如果是借来的书，就要在自己的读书笔记本上做好记录。

3. 制订读书计划，坚持每天必读，根据自己的情况划定时间表，用一个月左右的时间把本书读完。另外推荐阅读《中国古代寓言故事》《希腊寓言》。

智慧寓言——

伊索寓言

阅读学习单一：说说写写

一、同学们，想变聪明吗？告诉你们一个好办法，那就是阅读！

说说并写写你知道的读书名言。

二、你读过哪些课外书？你是用什么方法读这些书的？能写下来吗？

☆ 拿到一本寓言书，你认为应该先干什么？

一看：
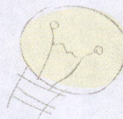

二想：

三看：
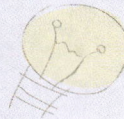

智慧寓言——
伊索寓言

阅读学习单三：精彩片段赏析

第一组：公鸡和宝玉

你想到了什么？想说什么？

第二组：两只口袋

交流，联系实际谈谈读完片段后的感想。

我的读书计划

书香网阅读种子老师招募啦！

你爱阅读吗？你喜欢孩子吗？你希望提升自己的阅读教学水平吗？你渴望成为名师吗？如果答案是肯定的，那就来吧！我们为你提供了一个既能持续学习成长，又能充分展示个人才华和能力的平台。这里有与时俱进的理念和志同道合的朋友，这里是所有热爱阅读、崇尚阅读的教育同仁们的家！

正如《序》中写到的那样，我们的"同一本书"共读活动正在服务更多的师生，我们邀请志同道合的老师，同我们一起，共同铸就美好的阅读世界。那么，快加入我们的阅读种子老师队伍吧！成为种子老师后你可以获得什么？

1. 所有题库、学习单、教学视频等资料的开发都有相应的书香网积分奖励（每10积分相当于人民币1元），优秀教案将收入后续《创意教案》编辑出版，此外，参与其他活动均有对应的奖励。

2. 初、中、高级种子老师资格证书及书香网相应的种子老师特殊标识。

3. 阅读种子老师培训机会。

4. 按等级限量免费查看书香网"学习单""教学视频"及"课本剧"等相关材料权限。

5. 书香老师评选大赛资格，优胜者除荣誉证书、海量积分奖励外，还有机会参加国内外游学。

6.参评书香校园，创建优秀老师荣誉奖项，高级种子老师可直接获得该年度该奖项（10000积分）。

7.有机会与书香网签约，成为特约专家组成员或项目组负责人。

为自己埋下一颗阅读的种子，同学习共成长，使书香充盈心头；给孩子一片阅读的土壤，让其生命在书香中尽情勃发，自由伸展。书香网邀你加入种子老师行列，共同守望书香，放飞梦想！

我想报名参加！如下咨询方式：

网 站：www.shuxiangw.com

电 话：0591—38167077

Q Q：2332304841

"同一本书"共读主题活动书目

项目	序号	书名	单价	适用年级
"百科知识竞赛""百科知识PK赛"活动用书	1	《中国少年儿童百科全书·文体与艺术》	74.50	小学五六年级（初中七八年级）
	2	《中国少年儿童百科全书·人类与社会》	74.50	
	3	《中国少年儿童百科全书·环境与生命》	74.50	
	4	《中国少年儿童百科全书·科学与生活》	74.50	
国　学	1	《三千孝弟学庸》	49.80	小学一二年级
国　学	1	《三字经》	35.90	一年级
	2	《弟子规》	35.90	
	3	《百家姓》	35.90	二年级
	4	《声律启蒙》	35.90	
"国学挑战赛""国学知识PK赛"活动用书	5	《千字文》	35.90	三年级
	6	《增广贤文》	35.90	
	7	《孝经》	35.90	四年级
	8	《论语》	35.90	
	9	《诗经》	35.90	五年级（初中七八年级）
	10	《孟子》	35.90	
	11	《道德经》	35.90	六年级
	12	《大学·中庸》	35.90	（初中七八年级）
"成语接龙"知识竞赛活动	1	《中国·成语故事》	23.00	小学三四年级
"诗词达人赛"活动	1	《唐诗三百首》	35.00	小学三四年级

书香班级主题阅读PK赛	1	《守护平安》	25.00	小学五六年级
	2	《健康护航》	24.00	
	3	《绿色的梦》	23.00	
	4	《历史的印痕》	33.00	初中七八年级
	5	《文学大观园》	35.00	
	6	《神奇的自然》	34.00	
	7	《中国古典文学名著·西游记·上》 《中国古典文学名著·西游记·下》	80.00	小学五六年级 （初中七八年级）
	8	《中国古典文学名著·水浒传·上》 《中国古典文学名著·水浒传·下》	86.00	
	9	《中国古典文学名著·三国演义·上》 《中国古典文学名著·三国演义·下》	66.00	
	10	《中国古典文学名著·红楼梦·上》 《中国古典文学名著·红楼梦·下》	89.00	
教师用书	1	《"同一本书"共读创意教案设计》	49.00	中小学教师

爱阅读！购好书！关注书香网微信公众号→书香服务→书香微店即享优惠！